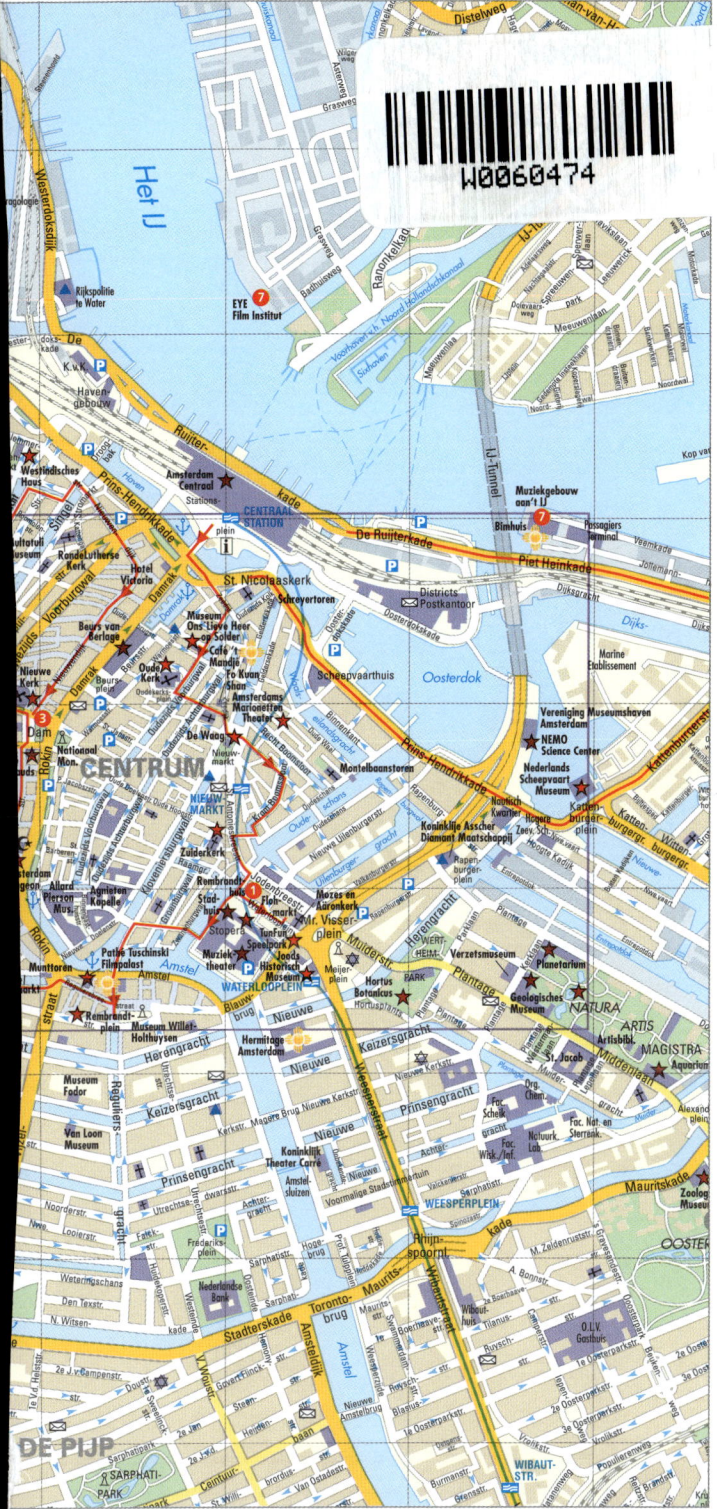

AMSTERDAM

von Hannah Glaser

Hannah Glaser ist Absolventin der Deutschen Journalistenschule und schreibt als freie Autorin zu Reise- und Kulturthemen. Amsterdam kennt sie noch aus den Zeiten, als hier die *kraakbeweging* erfunden wurde, Studenten leer stehende Häuser besetzten und die Stadt zur Heimat der Hippies und zum Mekka alternativer Lebensformen wurde. Schon damals war die Luft in Amsterdam freier, toleranter und kreativer als in Deutschland, und das ist bis heute so geblieben.

www.vistapoint.de

Inhalt

Chronik

Service von A–Z und Sprachführer

Zeichenerklärung

 Top 10
Das sollte man gesehen haben

 Mein Amsterdam
Lieblingsplätze der Autorin

 Vista Point
Museen, Galerien, Architektur und andere Sehenswürdigkeiten

 Kartensymbol: Verweist auf das entsprechende Planquadrat der
ausfaltbaren Karte bzw. der Detailpläne im Buch.

Willkommen in Amsterdam

In Amsterdam bricht gerade ein neues Zeitalter an. Künftig spielt die Musik nicht mehr nur in den historischen Gassen, wo sich die schmucken Fassaden der noblen Bürgerhäuser im Wasser der idyllischen Grachten spiegeln, sondern auch im alten Osthafen, der mit seinen verfallenen Lagerhäusern noch vor wenigen Jahren als No-Go-Area galt. Muziekgebouw aan't IJ heißt das Herz des neuen Amsterdam, ein gläsernes Haus für Musik, das auf dem Wasser schwimmt. Und das ist erst der Anfang. Ein weiterer aufregender Neubau ist dazugekommen, das Filmmuseum EYE, das wie ein schneeweißes Origami-Kunstwerk jenseits der Ij liegt und von innen eine herrliche Aussicht auf den Fluss und die Altstadt freigibt. Mit dem Konzerthaus, dem Filmmuseum und dem umgestalteten Hauptbahnhof, der einen neuen Hauptausgang zum Wasser bekommt, entsteht eine neue Mitte, ein Scharnier zwischen dem neuen und dem alten Amsterdam, das seine Blütezeit im 17. Jahrhundert erlebte.

Damals im sogenannten Goldenen Zeitalter brachten die Schiffe der Ostindischen Kompanie Waren aus aller Welt in

die Stadt an der Amstel. Kaufleute und Seefahrer bereisten auf 1500 Frachtenseglern die Weltmeere, feilschten auf der anderen Seite des Globus um Porzellan, Gewürze und Stoffe und kamen mit Schätzen beladen nach Hause. Um 1620, als die reichen Kaufleute und Kapitäne den heutigen Grachtengürtel mit seinen prachtvollen Bürgerhäusern bauen ließen, war Amsterdam die erste Wirtschaftsmetropole der Welt. Heute staunen jedes Jahr vier Millionen Besucher darüber, was aus diesem Reichtum entstand.

Dieses alte Amsterdam feiert sich auch im wiedereröffneten Rijksmuseum, das in 80 renovierten Sälen 800 Jahre Kunstgeschichte präsentiert. Wenn man nach dem Besuch vor die Türe tritt, entdeckt man die Grachten und Backsteinhäuser, die stillen Höfe und kopfsteingepflasterten Gassen, die man eben noch auf den Gemälden bewundert hat, auch in der Realität. Doch die Stadt bleibt nicht in der Innenschau gefangen, sondern hat mit dem neuen Geviert am Hafen den Quantensprung in die Zukunft geschafft. Neben dieser Mainstream-Kultur entstehen auch ständig neue Projekte der Subkultur, die eine Energie freisetzen, wie man sie sonst nur in New York findet.

Amsterdam von oben: Kein Giebel gleicht dem anderen

Top 10: Das sollte man gesehen haben

1 Rembrandthuis
S. 13 f., 31 f. ➡ aE4
Amsterdam ohne Rembrandt-
huis, das ist wie Frankfurt ohne
Goethe-Haus. Der Meister wohn-
te hier fast 20 Jahre und in seinem nachgebauten Atelier kann
man lernen, wie man damals die
Farben mischte.

2 Begijnhof
S. 16 f., 34 ➡ aE1
So leise wie in diesem lauschigen,
liebevoll gepflegten Innenhof ist
es im restlichen Amsterdam sonst
nur am Sonntagmorgen, im Sommer duftet es mitten in der Stadt
herrlich nach gemähtem Gras.

3 Dam
S. 17 f., 36 ➡ aC2
Hier geht es immer turbulent zu:
Auf dem großen Platz nahe dem
Hauptbahnhof sind Heerscharen
von Touristen unterwegs – zum
Königspalast, zu Madame Tus-
sauds und zum berühmtesten
Kaufhaus der Stadt.

4 Herengracht
S. 20 f. ➡ D7–G8
Die Herengracht mit ihren
prachtvollen Fassaden ist – speziell zwischen Huidenstraat und
Leidsestraat – wohl die schönste
im Grachtenring, der die mittelal-
terliche Altstadt umschließt und
2010 zum UNESCO-Weltkulturerbe ernannt wurde. Für einen
ersten Bummel stehen 165 Grachten und 600 Brücken zur Wahl.

5 Jordaanviertel
S. 21 ff. ➡ D/G6/7
Das frühere Arbeiterviertel, das
zur selben Zeit wie der noble
Grachtenring entstand, hat sich
längst zum Szeneviertel entwickelt, mit Galerien, Kneipen und
dörflicher Gemütlichkeit.

6 Osthafen
S. 23 ff., 39 f. ➡ D–F11–14
Auf den alten, künstlichen Inseln
entstanden neue Trendviertel mit
origineller Wohnarchitektur. Von
der knallroten, geschwungenen
Pythonbrücke kann man in der
Ferne die großen Tanker vorbei-
ziehen sehen.

**7 Muziekgebouw aan´t IJ
und EYE Film Institut**
S. 25, 29, 37 f., 58 f. ➡ D/E10 und C9
Das gläserne Konzerthaus und
das futuristische Filmmuseum
setzen einen neuen Schwerpunkt
am Wasser – diesseits und jenseits
der Ij zwischen dem historischen
und dem neuen Amsterdam.

8 Rijksmuseum
S. 32 ➡ H/J6/7

Der größte Kunsttempel der Niederlande zeigt in 80 Sälen rund 8000 Kunstwerke, darunter »Die Nachtwache« von Rembrandt. Das »Rijks«, wie die Amsterdamer liebevoll sagen, gilt als eines der führenden Museen der Welt.

 ### Van Gogh Museum
S. 33 ➡ J6

Nirgendwo auf der Welt sind mehr Van-Gogh-Gemälde zu sehen, darunter Ikonen der Malerei wie die »Sonnenblumen«, die »Kartoffelesser« und das »Kornfeld mit Krähen«.

 ### Leidseplein
S. 37 ➡ H6

Rund ums Jahr zeigt das städtische Leben hier seine schönsten Seiten, im Sommer mit Feuerschluckern und Jongleuren in den Straßencafés, im Winter mit einer Eislaufbahn.

Mein Amsterdam
Lieblingsplätze der Autorin

Liebe Leser,

dies sind keine Orte, die in jeder Sightseeing-Liste auftauchen, sondern kleine Plätze, die mir wegen ihrer Atmosphäre ans Herz gewachsen sind. Veel plezier in Amsterdam!

Hannah Glaser

 ### Bimhuis
S. 38, 55 ➡ D/E10

Cooles Amsterdam: In dem schwarzen Kasten am Muziekgebouw aan´t IJ groovt und swingt es jede Nacht, der Blick durch die verglaste Front auf die vorbeirauschenden Schnellzüge vom nahen Hauptbahnhof hat es in sich.

 ### Tuschinski
S. 15 f., 59 ➡ aF2/3

Plüschiges Amsterdam: Als das Tuschinski noch ein Varieté war, traten hier Weltstars auf wie Maurice Chevalier, Judy Garland, Marlene Dietrich und Édith Piaf, heute ist es das schönste Kino der Niederlande.

 ### Hermitage Amsterdam
S. 29 ➡ G9

Innovatives Amsterdam: Das derzeit schönste Museum der Stadt in einem historischen Bau am Wasser zeigt in einem lichtdurchfluteten Raum-Labyrinth Schätze aus St. Petersburg.

 ### Negen Stratjes
S. 21 ff. ➡ F/G6/7

Kleinstädtisches Amsterdam: In den malerischen »Negen Straatjes« im westlichen Grachtengürtel zwischen Singel und Prinsengracht kann man durch kleine Läden bummeln und im Pompadour selbstgemachte Schokolade kosten.

 ### Café 't Mandje
S. 52 f. ➡ aB4

Gemütliches Amsterdam: Der Ohrensessel unter den Kneipen, ideal um den Tag zu vergammeln und alte Postkarten zu entziffern, wunderbar *old-fashioned*, sogar die Musik ist von damals.

Ein Rundgang durch Amsterdam

Vormittag
Centraal Station (Hauptbahnhof) – Museum Amstelkring – Oude Kerk – Nieuwmarkt – Krom Boomsslot – Zuiderkerk – Rembrandthuis – Waterlooplein – Stopera – Rembrandtplein – Tuschinski – Bloemenmarkt – Begijnhof – Schuttersgallerij.

Mittag
Lunch im Innenhof des Amsterdams Historisch Museum oder bei »David & Goliath«.

Nachmittag
Kalverstraat – Dam – Koninklijk Paleis – Raadhuisstraat – Bartolottihuis – Herengracht – Nieuwendijk.

Wer Amsterdam durch seinen **Hauptbahnhof** ➜ aA4/5 betritt, wird von einem Chaos aus Baumaschinen, Absperrwänden und Umleitungsschildern empfangen und steht gleich mit beiden Beinen im größten Problem der Stadt – der Bau der neuen U-Bahn beschäftigt sie schon seit Jahren. Seit 2003 ist der Platz vor dem Bahnhof eine Großbaustelle und, wie es aussieht, wird es noch bis 2017 dauern, bis die neuen Linien

Centraal Station: Vom Stararchitekten des 19. Jahrhunderts entworfen

in Betrieb genommen werden können. 2,3 Milliarden Euro wird das Projekt nach aktuellen Schätzungen bis dahin verschlungen haben. Der Hauptbahnhof ist eine zentrale Schnittstelle für die neue Metrolinie, die unterirdisch Nord und Süd verbinden soll. Problematisch ist dabei, dass der U-Bahn-Tunnel mitten unter der Altstadt durchführt. Und die Häuser, Kirchen und Paläste der Altstadt stehen nun mal auf Hunderte Jahre alten Holzpflöcken in einer weichen Sandschicht.

Auch das prunkvolle Gebäude des Hauptbahnhofs, der Centraal Station, einst von P. J. Cuypers, dem Stararchitekten des 19. Jahrhunderts, entworfen, steht auf drei künstlichen Inseln; Tausende von Baumstämmen bilden im sumpfigen Boden das Fundament für den Neorenaissance-Klotz. Natürlich haben sich die Amsterdamer Ingenieure von heute ausgiebig und weltweit mit Kollegen beraten, unter anderem auch mit denen in London, die ihre Tunnel der dortigen »Jubelee Line« mit Erfolg direkt am Big Ben und der Themse vorbei bauten, doch jeder Ort hat seinen eigenen Boden und der Amsterdamer Sand ist viel weicher als der Londoner Lehm.

Das zeigt sich auch abseits der Baustelle auf der anderen Straßenseite. Wir gehen Richtung Zeedijk (Seedeich) und orientieren uns am **Hotel Victoria** aus dem Jahr 1890. Wer sich die Fassade des Vier-Sterne-Hotels genauer ansieht, entdeckt – rechts von der Eingangstür – darin eingemauert ein kleines Haus. Dessen einstiger Besitzer wollte sein Domizil nicht verkaufen und pokerte um den Preis. Statt Unsummen zu zahlen, ließ man ihm seinen Willen und baute das palastartige Gebäude drumherum. Heute steht die historische Fassade unter Denkmalschutz. Dahinter verbergen sich 306 Zimmer auf sieben Etagen, dazu ein Fitnesscenter mit Innenpool und türkischem Dampfbad.

Vor dem Hotel geht es links zum Zeedijk, und wenn wir in den Sint Olofssteeg einbiegen, befinden wir uns schon in einem der ältesten Geviertel der Stadt, heute ein Teil von **Chinatown** ➡ aB/aC4. Hier standen im 15. Jahrhundert Holzhäuser, die mit Stroh gedeckt waren, doch weil Brände immer wieder ganze Stadtteile zerstörten, wurden per Bauordnung nur noch Steinhäuser erlaubt. Die waren allerdings oft zu schwer für die Pfähle im Untergrund, die an dieser Stelle 15 Meter in den Boden reichen.

Die Einheimischen vergleichen die instabile Welt unter ihren Füßen gern mit einer Lasagne – einige Schichten Sand und dazwischen jede Menge Sauce. Knicken einige Pfähle unter dem Gewicht ein, gerät das Haus in Schräglage. Manche Schieflage ist allerdings auch vom Bauherrn ausdrücklich gewünscht. So sind die Giebel der schmalen Häuser mit Absicht nach vorne geneigt, weil man Möbel, Klavier und andere große Lasten nicht durch die handtuchschmalen Treppenhäuser nach oben balancieren kann, sondern per Flaschenzug am Hebebalken durch die Fenster hievt.

Wir gehen vorbei an dem historischen Café »**Int Aepjen**« ➡ aA4 (Zeedijk 1), dem Kleinen Affen, wo früher die Seeleute einkehrten, und über die Brücke mit der Schleuse, die das Süßwasser der Amstel (die der Stadt ihren Namen gab) vom Meerwasser trennt. Die Schmucksteine in den Fassaden erzählen vom Goldenen Zeitalter, als Amsterdams Hafen der größte der Welt war und die holländischen Handelsschiffe nicht nur Gewürze und Spezereien, sondern auch Kuriositäten wie Kamele an Bord hatten, wenn sie nach Amsterdam zurückkehrten. Die Fassadensteine mit den prächtigen Reliefs gaben Auskunft über das Haus und seine wohlhabenden Bewohner.

Im 16. Jahrhundert befand sich Amsterdam mitten in einem blutigen Glaubenskrieg: Die Spanier beanspruchten Holland und zwangen die Menschen zum Katholizismus. Erst nach dem Unabhängigkeitskrieg gegen Spanien wurde in Amsterdam wieder die Glaubensfreiheit eingeführt und der Handel erreichte eine neue Blütezeit. Während der Reformation kehrten sich die Verhältnisse um und die Katholiken standen auf dem Index. Damals entstanden in Amsterdam die versteckten Dachboden- oder »Schlupfkirchen«, wie sie die Einheimischen nennen. Mehr als 25 solche geheimen Kirchen gab es in der Stadt, aber nur eine ist in fast unverändertem Zustand erhalten: Verborgen hinter der Fassade eines gewöhnlichen Wohnhauses aus dem 17. Jahrhundert lässt sie sich im heutigen **Museum Ons' Lieve Heer op Solder** (etwa: Unser lieber Herrgott auf dem Dachboden) ➡ aB4, dem zweitältesten Museum der Stadt, besichtigen.

Der Kaufmann Jan Hartman ließ die Kirche zwischen 1661 und 1663 in der obersten Etage seines Wohnhauses erbauen, denn als überzeugter Katholik wollte er sich dem Diktat der Calvinisten nicht beugen. Die Seeleute durften glauben, was sie wollten, aber für Jobs beispielsweise in der Stadtverwaltung musste man protestantisch sein. Übrigens war es erst Napoleon, der Staat und Kirche trennte, als er 1806 die Niederlande besetzte. Davor waren katholische Messen offiziell verboten, wurden aber mehr oder weniger geduldet, solange man öffentlich nichts davon mitbekam. In keinem Fall durfte man die Privatkirchen von außen als solche erkennen. Also schoben die Inhaber der Stadtverwaltung Geld zu und dafür wurde ihr religiöses Treiben toleriert.

Wer heute im Oudezijds Voorburgwal 40 die schmalen Treppen nach oben steigt, findet immer noch die Gardinen zur Straßenseite geschlossen, an den Wänden hängen im Dämmerlicht die echten Gemälde von damals, ein Jacob Ruisdael, ein Jan van Goyen, beides renommierte Vertreter der klassischen holländischen Landschaftsmalerei. Ein paar Treppen höher entdeckt man im Zwischenstock einen Verschlag mit Wandbett und Kruzifix, den Schlafraum des Priesters. Umso größer erscheint Jan Hartmans Hauskirche im vierten Stock. Rund um den Altar ist Platz für eine Galerie und die Orgel. Die marmornen Säulen neben dem Altar sind ein Fake: Weil echter Marmor zu viel Gewicht gehabt hätte, behalf man sich mit aufgemalter Marmorstruktur. Die Kanzel ist aus Platzgründen linker Hand in den Altar eingebaut und kann bei Bedarf ausgeklappt werden. Der Blick aus dem Fenster geht über die Dächer direkt auf die Türme der St. Nikolauskirche.

Bevor man das erstaunliche Haus wieder verlässt, sieht man im Erdgeschoss, wie eng und gedrängt die Familie hauste, die Gott so viel Platz überließ. Auch die weißblau gekachelten Wände der Spülküche sind noch im Originalzustand, genau wie das kleine Plumpsklo hinter der Tür. Das wird übrigens zur Freude aller Kinder »Pupsdose« genannt. Im Hausflur hängt ein Plan, der die hufeisenförmige Anlage der historischen Altstadt zeigt – ein Geviert, in dem heute 80 000 Menschen leben.

Wenige Schritte weiter stehen wir vor der **Oude Kerk** ➡ aB3, der ältesten Kirche der Stadt, die 1306 geweiht wurde, und sind damit auch schon mitten im umstrittenen Rotlichtviertel. Die Kirche wird heute nur noch als Ausstellungsraum genutzt. In ihrem malerischen Innenraum verbirgt sich ein originelles Suchspiel: Unter der großen, auf Marmorsäulen ruhenden Orgel aus dem Jahr 1742 findet man eine Wandmalerei, wobei die Holzvertäfelung zwischen den Säulen mit einer Marmorimitation versehen wurde – das bedeutet weniger Gewicht für das Fundament, das im weichen Moorboden verankert ist. Als das Ganze 1978 restauriert werden musste, malte der Marmormaler Henk Dogger auf einfallsreiche Weise sein Selbstportrait in das Bild hinein – das Ergebnis findet man links unter der Orgel, nahe dem Fußboden. Prächtig sind die drei Glasmalereifenster aus dem Jahr 1955.

Die Kirche ist das Herz des Rotlichtviertels **De Walletjes** ➡ aB/aC3/4, das ebenso wie die Oude Kerk eine wichtige Rolle in John Irvings Roman »Bis ich dich finde« spielt. In den Augen der Amsterdamer Stadtväter ist die Gegend ein Ärgernis, auch wenn sie tagsüber harmlos und familienkompatibel scheint. In der

St. Nikolauskirche: berühmt für ihre prachtvolle Sauerorgel

Vergangenheit sind trotzdem alle städtischen Maßnahmen, mit denen gegen Menschenhändler, Drogendealer, Geldwäscher und Zuhälter vorgegangen wurde, halbherzig geblieben. Doch um den Ruf der Altstadt aufzubessern, verringern die Behörden jetzt die Zahl der Bordelle und Coffeeshops, in denen Haschkekse und andere Cannabisprodukte verkauft werden. Außerdem hat die Stadtverwaltung 100 Gebäude übel beleumundeter Besitzer zurückgekauft und zahlreiche Sex-Schaufenster, in denen sich Prostituierte zur Schau stellten, geschlossen. Ihre Zahl sank bis 2014 von knapp 500 auf etwa 200. Die derzeit 78 Coffeeshops im Rotlichtviertel sollen auf 38 reduziert werden.

Amsterdam wird also auch künftig keineswegs zur »City ohne Sex« werden, aber die Stadt ist fest entschlossen, ihr Schmuddelimage loszuwerden. Dafür lockt man avantgardistische Designer, Künstler und Modemacher ins Rotlichtviertel und stellt ihnen preiswerten Ausstellungsraum zur Verfügung; schon heute hat sich der Charakter der kleinen Gassen dadurch merklich verändert. Ebenfalls im Auftrag der Stadt entstanden diverse Kunstwerke, die das Image der Prostituierten verbessern sollen, zwei davon sind direkt neben der Oude Kerk zu sehen. Ins Kopfsteinpflaster des Kirchenvorplatzes ist eine schimmernde Bronzebüste eingelassen, und nicht weit entfernt steht eine stolze Frauenskulptur – sie soll Respekt und Anerkennung symbolisieren für diejenigen, die meist ohne diese Attribute behandelt werden.

40 bis 50 Millionen Euro wird es kosten, die Infrastruktur der Walletjes zu sanieren. Um aber aus dem heutigen Vergnügungsgeviert wieder ein urbanes Viertel mit Luxushotels, schicken Läden und großen Wohnungen zu machen, muss wohl das Doppelte investiert werden, das schätzt jedenfalls die Süddeutsche Zeitung und zitiert den Bürgermeister: »Seit 400 Jahren kämpft die Stadt mit den Walletjes, und das wird auch so bleiben.« Immerhin seit 30 Jahren streitet die Stadt übrigens auch mit der Regierung in Den Haag darum, dass die historische Innenstadt als UNESCO-Weltkulturerbe anerkannt wird. Auch das dürfte noch dauern.

Über den Oudekennissteeg, Oudezijds Achterburgwal und den Molensteeg kommen wir zum **Nieuwmarkt** ➡ aC4, wo das Gebäude der Stadtwaage **De Waag** mit sieben spitzen Türmen zum Himmel zeigt. Im 15. Jahrhundert galt es als Stadttor, später wurde es das Zunfthaus der Maurer – über der Tür sieht man noch Zunftzeichen wie die

Rotlichtviertel De Walletjes: Künftig weniger Haschkekse

Die ehemalige Stadtwaage auf dem Nieuwmarkt ist heute ein Café

Maurerkelle eingelassen. Zu Rembrandts Zeiten gab es hier Anatomie-
unterricht und eben hier entstanden auch einige seiner berühmtesten
Gemälde wie die »Anatomische Vorlesung des Dr. Nicolaes Tulp«. Heute
ist das Café im Erdgeschoss mit den Tischen im Freien ein beliebter
Treffpunkt für Einheimische und Besucher.

In der Koningsstraat zeigen die Häuser auf hundert Metern Länge
ganz ungewohnte Fassaden: Hier wurde in den 1970er Jahren alles
Alte niedergerissen – als man nämlich die Metro baute, die 1977 in
Betrieb ging. Rechter Hand biegen wir ab in die **Krom Boomssloot**
➤ aD5, folgen der Gracht und genießen Ausblicke in stille Gassen und
verträumte kleine Idyllen aus Stockrosen wie in der Korte Dijkstraat.

Wer mag, schaut in der **Zuiderkerk** ➤ aD4 vorbei. Im ältesten protestantischen Gotteshaus Amsterdams von 1611 ist heute eine Ausstellung
zu neuen Wohnungsprojekten der Stadt zu sehen. Die Dauerausstel-
lung zeigt die Stadtentwicklung vom Mittelalter bis über die Gegen-
wart hinaus, Wanderausstellungen erläutern kommende Bauprojekte.
Mit etwas Glück ertönt aus dem prächtigen Turm das Glockenspiel des
berühmten Glockengießers Francois Hemony aus dem 17. Jahrhundert.

Ein Touristenmagnet ist das ❶ **Rembrandthuis** ➤ aE4 am Anfang der
Jodenbreestraat, das dem Künstler von 1639 bis 1658 als Wohnung und
Atelier diente. Seine Werke sind zwar über die ganze Welt verteilt, doch
in seinem Wohnhaus in der Jodenbreestraat hängt kein einziges von
Weltrang. Immerhin sind viele kleine Arbeiten zu sehen, über 250 Ra-
dierungen, Kupferstiche und Zeichnungen. Manche sind nur bierde-
ckelgroß, aber alle zeigen Rembrandts Kunst, Szenen und Porträts mit
nur wenigen Strichen meisterlich zu skizzieren. In den rekonstruierten
Wohnräumen bekommt man einen Eindruck vom damaligen Alltag.
Trotz der vielen Verkäufe lebte Rembrandt finanziell weit über seine
Verhältnisse, Schulden zwangen ihn, das Haus und sein ganzes Inventar
zu verkaufen. Später zog er in die Rozengracht 84 im Jordaanviertel.

Eine Dokumentation zu Beginn der Ausstellung illustriert, wie müh-
sam es 1908 war, Rembrandts Wohnung zu rekonstruieren. Seitdem ist
das Haus im ehemaligen Judenviertel ein kleines Museum. Die engen,
knarrenden Treppen führen bis ganz oben zum Atelier unterm Dach

13

und in die Werkstatt mit der Materialsammlung des Meisters. Dort fertigt ein Museumsmitarbeiter noch Drucke auf einer alten Presse an und man kann zuschauen, wie Radierungen entstehen.

Auf dem nahen **Flohmarkt am Waterlooplein** ➜ aE5 gibt es außer Krempel und Klamotten auch giftgrüne Cannabis-Lutscher, die sich prima als Souvenir für Freunde und Kollegen eignen – der herbe Geschmack hält den Rausch in Grenzen.

Der mächtige Komplex der **Stopera** ➜ aE/aF4 genannten Kombination aus **Stadhuis** (Rathaus) und **Muziektheater** (Oper), der linker Hand alles beherrscht, war bei der Bevölkerung lange Zeit sehr umstritten, und das nicht nur weil das Werk des Architekten Cees Dam mehr als 136 Millionen Euro kostete, sondern auch weil der moderne Klotz in starkem Gegensatz zum beschaulichen Grachtenidyll ringsumher steht und den Waterlooplein beherrscht. Das Muziektheater wurde 1986 eröffnet und beherbergt neben der Niederländischen Oper auch das berühmte Nationalballett und die Niederländischen Sinfoniker.

In der Passage zwischen Stadhuis und Muziektheater ist NN zu Hause: NN steht für **Normalnull** und ist europaweit die Basis für die Höhenmessung. Der Eichpunkt ist als Bronzeknopf zu sehen, knapp daneben ragen drei Glassäulen aus dem Boden, zwei zeigen den aktuellen Meeresspiegel an, in der dritten sprudelt es in fünf Metern Höhe – so hoch war der Wasserstand bei der letzten Flutkatastrophe im Jahr 1953.

Auf der anderen Seite des Wassers geht es durch den Zwanenburgwal in die **Staalstraat** ➜ aE3/4, wo im Café mit der Hausnummer 19 der beste Schokoladenkuchen von Amsterdam serviert wird. Nicht weit entfernt, Hausnummer 7b, bietet ein Designstore wohl die verrücktesten Geschenke, die man finden kann. Wer seine Wohnaccessoires im **Droog Flagship** kauft, der muss sich um Langeweile bei seinen Gästen jedenfalls keine Gedanken mehr machen: Stühle aus gepressten Klamotten, Weingläser als Haustürklingel, Lampen aus Milchflaschen oder hundert Glühbirnen, Tassen mit dem Griff in der Innenseite, ein Reißverschluss als Halskette – selbst wer hier nichts kauft, hat sich prächtig amüsiert. Für Freunde mit einem süßen Zahn empfehlen sich die Delikatessen von **Puccini** (Hausnummer 17), darunter die feinsten Pralinen nördlich von Brüssel.

Nach dem Besuch des Droog folgen wir der Straße am Groenburgwal entlang und gehen linker Hand über die Brücke. Vorbei an der prachtvollen Fassade des Doelen Hotels, für das Rembrandt einst die »Nachtwache« gemalt hat, führt der Weg Richtung **Rembrandt-**

Die erste protestantische Kirche der Stadt: die Zuiderkerk

plein ➡ aF3. Auf dem Platz des Genies der Malerei steht sein berühmtestes Werk, die »Nachtwache«, lebensgroß und zum Anfassen in 3D, sogar samt kläffendem Hund. Speziell am Abend wird die Piazza zum rummeligen Treffpunkt und die Cafés und Kneipen ringsherum sind gut besetzt. Wenn dann noch Ajax Amsterdam spielt, ist auf dem Rembrandtplein die Hölle los. Wer nicht gerade mittendrin sitzen will, besieht sich den Trubel von der Terrasse des berühmten **Café l'Opera**.

Flohmarkt am Waterlooplein

Selbst wer jetzt keine Lust auf einen Kinobesuch hat: Das

❀ **Tuschinski** ➡ aF2/3 in der Reguliersbreestraat 26 muss man gesehen haben – es ist das schönste Kino der Niederlande und das Vermächtnis eines außergewöhnlichen Lebens. Der gelernte Schneider und Filmliebhaber Abraham Tuschinski, der zu diesem Zeitpunkt in Rotterdam schon mehrere Kinos besaß, brachte im Juni 1919 die ersten der 1200 benötigten Pfähle für den Bau seines Lebenstraumes mit einem Frachtschiff über den Rhein nach Amsterdam. Der prachtvolle Bau kostete etwa vier Millionen Gulden und war im Oktober 1921 abgeschlossen.

Das Gebäude ist derart ungewöhnlich, dass ein eigener Baustil nach ihm benannt wurde – es ist eine Mischung aus Art déco, Neugotik und Amsterdamer Schule. Die Fassade ist mit glasierten Ziegeln, Keramik-Skulpturen und schmiedeeisernen Gittern sowie Lampen verziert. Die Heizungs- und Klimaanlage des Gebäudes galt als revolutionär, weil es damit erstmals eine gleichbleibende Temperatur auf allen Zuschauerplätzen gab. Die Kinoorgel des großen Saals mit damals 1600 Plätzen

Das plüschige Tuschinski gilt als schönstes Kino der Niederlande

wurde von der legendären amerikanischen Wurlitzer Company geliefert. Ein kleinerer Saal mit 250 Plätzen, ein »japanisches Teezimmer«, eine »maurische Suite« und elegante Foyers machten den Komplex endgültig zur Sensation.

Während der Besetzung Amsterdams durch die Nationalsozialisten wurde der Bau 1940 geschlossen und Tuschinskis Reich ging in die Brüche. Seine Kinos in Rotterdam wurden von deutschen Bomben zerstört. Tuschinski selbst wurde mit seiner Frau und seinen Mitarbeitern deportiert und 1942 in Auschwitz ermordet, ebenso wie der Architekt Hijman Louis de Jong. Die deutschen Besatzer nutzten das Amsterdamer Kino ab 1944 hauptsächlich als Varietétheater. Nach der Befreiung Amsterdams wurde es in Tuschinski-Theater zurückbenannt und wieder als Kino genutzt. Neben Film- und Varietévorführungen traten Weltstars wie Maurice Chevalier, Judy Garland, Marlene Dietrich, Édith Piaf, Dizzy Gillespie, Fats Domino und Dionne Warwick auf. 1969 wurde das hauseigene Orchester aufgelöst, 1974 wurde das Orgelspiel vor den Filmvorführungen aufgegeben. Zur Jahrtausendwende wurde das Kino umfassend renoviert, durch einen neuen Flügel erweitert und schließlich als Pathé Tuschinski (als Teil der Pathé Kinokette) neu eröffnet, im großen Saal finden heute niederländische Filmpremieren statt.

»Aus der Mauer essen« nennen die Amsterdamer den schnellen Imbiss aus dem Automaten. Und die besten Kroketten der Stadt gibt es eindeutig in den Glasvitrinen bei **Febo** ➡ aF2/3 in der Reguliersbreestraat 38. Mittags beschränken sich die meisten Einheimischen auf einen Imbiss, auf *Hapjes* und *Broodjes*, Kroketten, Frühlingsrollen, Bitterballen (die runde Spielart der Kroketten) und Frikandel, denn die Hauptmahlzeit ist das Abendessen. Die knackfrisch zubereiteten und preiswerten Köstlichkeiten aus der Wand sind eine kulinarische Spezialität und gehören genauso zu Amsterdam wie der Äppelwoi zu Frankfurt und die Weißwurst zu München.

Frisch gestärkt geht es Richtung Singelgracht und ins Getümmel auf dem **Bloemenmarkt** ➡ aF1/2. Einst kamen die Gärtner per Boot hierher, um die Pflanzen und Zwiebeln aus ihren Gärtnereien zu verkaufen, heute bieten die Händler ihre Waren längst in massiven, fest vertäuten Ständen an. Das letzte echte schwimmende Blumenboot liegt gegen Ende des Blumenmarktes, gegenüber vom Weihnachtsladen.

Nach dem Blumenmarkt geht es rechter Hand in den ➋ **Begijnhof** ➡ aE1, der versteckt vor dem Trubel wie ein stiller Dorfanger inmitten der Stadt liegt – eine Wiese mit hohen Bäumen, umsäumt von jahrhundertealten Häusern, vielen Blumen und einem mittelalterlichen Kirchlein. Im Mittelalter hatte jede Stadt in Holland solche Wohnhöfe, die von reichen Bürgern gestiftet wurden. Amsterdams Begijnhof wurde 1346 gegründet und lag damals am äußersten Rand der mittelalterlichen Stadt. Hier wohnten alleinstehende Frauen, die in einer religiösen Gemeinschaft leben, aber keine Nonnen werden wollten. Sie widmeten sich vor allem der Altenpflege. Zwei Feuer zerstörten den Hof im 15. Jahrhundert fast komplett; die heutige Bebauung stammt größtenteils aus dem 17. Jahrhundert. Das Het Houten Huis mit der Nummer 34 wurde dagegen bereits um 1470 errichtet und soll das älteste Holzhaus der Niederlande sein. Gegenüber dem englisch-presbyterianischen Kapelle versteckt sich in zwei Wohnhäusern eine weitere katholische Geheimkirche aus dem 17. Jahrhundert.

Der Name Begijnhof leitet sich wahrscheinlich von der Schutzheiligen der frommen Frauen, der Heiligen Begga, ab. Die letzte Begijne

Der historische Begijnhof: Männer müssen bis heute draußen bleiben

starb 1976. Die hübschen Häuser mit den grünen Vorgärten werden auch heute noch vorwiegend an katholische Frauen, meist Witwen, aber auch immer häufiger an Studentinnen vermietet. Das Mindestalter für eine Bewerbung ist 25 Jahre, und die Frauen dürfen hier nur ohne Freund leben oder sie müssen sich gemäß der jahrhundertealten Hausordnung eine neue Bleibe suchen.

Zwischen dem Beginenhof und der Kalverstraat versteckt sich die **Schuttersgallerij** ➡ aD 1/2, die Schützengalerie. In dieser überdachten, öffentlichen Gasse, die faktisch zum Historischen Museum gehört, kann man 15 riesige Gemälde bewundern, allesamt Porträts der Amsterdamer Schützengilden aus dem 17. Jahrhundert. Vermutlich ist dies der einzige Ort auf der Welt, an dem Kunstwerke von solchem Rang in einer öffentlichen Gasse an der Wand hängen. Das berühmteste Schützenporträt ist natürlich Rembrandts »Nachtwache« – die hängt allerdings nicht auf der Straße, sie kann man auch weiterhin nur im Rijksmuseum sehen. Wer die Schuttersgallerij des Historischen Museums verlässt, sollte sich unbedingt umdrehen: Die kleine Pforte an der Kalverstraat ist ein Prachtstück.

Zum Komplex des **Amsterdams Historisch Museum** ➡ aD 1, das ehemals ein Waisenhaus war, gehören auch die beiden großen, hellen Innenhöfe, Oasen der Stille und die ideale Location für eine Lunchpause. Sollte es regnen, ist der Eingang zum Restaurant »David & Goliath« nur wenige Schritte entfernt. Früher waren dies die Stallungen des Waisenhauses, seinen heutigen Namen verdankt das Restaurant den beiden Holzfiguren, die aus der Zeit der erfolgreichen Befreiung von der spanischen Besatzung stammen.

In der Kalverstraat empfängt uns wieder der städtische Rummel, der uns bis zum Ende unseres Rundgangs begleitet. Der ❸ **Dam** ➡ aC 2 gehört zu den belebtesten und beliebtesten Plätzen Europas; das Monument in der Mitte erinnert an die Befreiung von der deutschen Besetzung im Zweiten Weltkrieg. Am Dam befindet sich auch die Amsterdamer Dependance des berühmten Londoner Wachsfigurenkabinetts **Madame Tussauds** mit typisch holländischen Ergänzungen wie dem Nikolaus, der sich hier in Lebensgröße bewundern lässt.

Sinterklaas und sein Helfer, der Zwarte Piet, kommen mit dem Dampfschiff aus Spanien

Nach der holländischen Legende reist »Sinterklaas« jedes Jahr Mitte November aus Spanien mit einem Dampfschiff an. Der Mann mit rotem Talar, Mitra und langem weißen Bart wird in Amsterdam als Nationalheiliger empfangen: Vom Hafen zieht eine große Prozession zum Königspalast, wo der Nikolaus von Königin Beatrix begrüßt wird. Überhaupt ist in kaum einem anderen Land die Tradition um den heiligen Nikolaus so fest verankert wie in den Niederlanden. Im 13. Jahrhundert soll in Utrecht bereits ein Fest um St. Nikolaus gefeiert worden sein, und auch als sich die Reformation im Norden des Landes durchsetzte, wurde die katholische Tradition weitergeführt.

Die Legenden um den Heiligen gehen auf historische Begebenheiten zurück. Ihm wird nachgesagt, dass er Stürme bändigte, wenn verzweifelte Seeleute ihn um Hilfe anriefen, und Gefängnismauern einstürzen ließ, sobald zu Unrecht Verfolgte zu ihm flehten. Seine Verehrung findet in vielen Kirchenbauten ihren Ausdruck, allein im 12. und 13. Jahrhundert entstanden in Holland über 20 Sankt-Nikolaus-Kirchen; Amsterdam machte Nikolaus zu seinem Schutzheiligen. Heute wird das Fest über mehrere Wochen inszeniert: Von der Ankunft des Sinterklaas bis zum 5. Dezember berichtet das *Sinterklaas Journaal* jeden Tag, was der Nikolaus und seine Helfer, die »Zwarten Pieten«, im Land erleben. Dann dürfen die Kinder abends ihre Schuhe vor den Kamin stellen, in die sie ihre Wunschzettel stecken und dazu eine Möhre oder ein Büschel Heu für den Schimmel »Amerigo«, mit dem Sinterklaas über die Dächer reitet. In der Nacht klettern die Zwarten Pieten durch die Kamine, holen Wunschzettel und Heu ab und hinterlassen ein paar Süßigkeiten, um das Warten auf den *Pakjesavond* (Geschenkabend) zu erleichtern.

Die Niederländer feiern ihr Nikolausfest schon am 5. Dezember, am Vorabend zum Geburtstag des Heiligen. Je nach Familientradition bringt Sinterklaas die Geschenke persönlich oder er stellt den Sack vor die Tür und klopft an, bevor er verschwindet. Für Kinder ist das Sinterklaas-Fest ein spannendes Spektakel, für Erwachsene eine nostalgische Erinnerung an die eigene Kindheit und auf jeden Fall ist es ein Stück niederländische Identität. Weihnachten spielt im Vergleich nur eine untergeordnete Rolle.

Optisch wird der Dam vom klassizistischen **Koninklijk Paleis** (Königlicher Palast) → aC1/2 beherrscht, ein prunkvolles Symbol der Macht und des Reichtums der Handelsherren, die es im 17. Jahrhundert als Rathaus erbauen ließen. Im 19. Jahrhundert ging es in den Besitz des Königs über, denn den Ratsherren wurde der Unterhalt des prächtigen Bauwerks zu teuer.

Ein weiteres schönes Exemplar der Baukunst dieser Epoche finden wir auf dem Weg vom Dam über die Raadhuisstraat zur **Herengracht**: das **Bartolottihuis** → E7. Die ulmenbestandene Gracht führt zum Herenmarkt. Wen jetzt noch die Kauflust überkommt, der kann sich in der Einkaufszone **Nieuwendijk** austoben, die im großen Bogen zum Dam zurückführt – die meisten Läden sind auch am Sonntag geöffnet. ■

Hausboot-Idyll vor dem Ende?

Besucher lieben sie und auf den Grachten-Rundfahrten geben sie die schönsten Fotomotive ab: Amsterdams Wohnboote, mal umgebaute alte Lastkähne, mal schwimmende Bungalows, mal leicht desolate Althippie-Heime, auf denen diverses Grünzeug aus den Kübeln sprießt, wo Katzen sich in der Sonne räkeln und das Weinglas auf dem wackligen Tisch neben dem Liegestuhl von Bewohnern kündet, die das Leben auch mit wenig Geld zu genießen verstehen. Im Windschatten der ausgemusterten Kähne kann man immer wieder Stockenten in ihrem Nest entdecken. Mehr als 2400 Hausboote liegen in den Grachten und Kanälen von Amsterdam, die meisten dümpeln auf Singel und Prinsengracht. Bei den Touristen beliebt, sind sie für viele Anwohner auf dem »Festland« ein Ärgernis. Der Grund: Die meisten Hausboote sind zwar mit fließend Wasser, Strom und Gasheizung ausgerüstet, ihr Abwasser pumpen sie jedoch direkt in den Kanal. Zwar werden die Kanäle nachts durchgespült, doch besonders in heißen Sommern genügt das nicht immer, um alle Abfälle wegzuschwemmen. Nun will die Stadt Abhilfe schaffen: Bis 2017 soll ein Abwassersystem installiert werden, an das die Boote angeschlossen werden können.

In Holland hat das Leben auf dem Wasser eine lange Tradition. Nach Schätzungen gibt es auf den Gewässern der Niederlande rund 10 000 Hausboote, davon immerhin ein Viertel in den 165 Grachten Amsterdams. In den 1960er und 1970er Jahren war diese Art des Wohnens besonders unter Künstlern und jungen Leuten beliebt. Und es war nicht schwer, an einen solchen Kahn zu kommen, denn nach dem Zweiten Weltkrieg tauschte Holland seine Flotte aus und verkaufte die alten Boote für wenig Geld an Privatleute.

Viele der Bewohner aus Zeiten der Flower-Power sind heute Rentner und leben immer noch auf ihren liebevoll instand gehaltenen Kähnen. Für den Umbau ihrer Boote auf ein Abwasserabpumpsystem fehlt ihnen jedoch das Geld. So könnten die traditionellen Hausboote und ihre ursprünglichen Bewohner bald aus dem Stadtbild Amsterdams verschwinden und durch noble Behausungen ersetzt werden. Wer dann noch das originale Hausbootfeeling erleben will, muss selbst in einer der privaten Hausbootpensionen übernachten. Oder das »Woonbootmuseum« gegenüber der Prinsengracht 296 besuchen.

Das Amsterdamer Hausboot: ein Relikt aus der Hippie-Zeit

Amsterdam zu Wasser

Amsterdam ist die Stadt der Grachten und der Museen, und die Profis im Verkehrsamt haben mit dem Museumsboot beides kombiniert. Es gibt kaum eine stimmungsvollere Möglichkeit, das »holländische Venedig« zu entdecken. Die Gäste können die Fahrt auf dem Museumsboot so oft unterbrechen, wie sie möchten. Los geht es am Hauptbahnhof. Das Boot stoppt etwa alle 15 bis 30 Minuten. Erste Anlegestelle ist die Prinsengracht. Dort, in der Nähe des Westermarktes, befindet sich das **Anne Frankhuis** (Anne-Frank-Haus) ➡ E6, in dem das jüdische Mädchen ihr berühmtes Tagebuch verfasste. Im Vorderhaus wurde eine ständige Ausstellung mit Originalgegenständen, Dokumenten und Fotos der Familie Frank eingerichtet.

Von dem Halt am Leidseplein ist es nicht weit zum **Vondelpark** ➡ H–K3–5, wo besonders im Sommer viele Open-Air-Veranstaltungen stattfinden. Oder man bummelt zu Fuß bis zum **Museumsplein** ➡ J6. Hier sind in unmittelbarer Nachbarschaft das nach zehnjährigem Umbau neu eröffnete **Rijksmuseum** ➡ H/J6/7, das **Van Gogh Museum** ➡ J6 und das **Stedelijk Museum** ➡ J6 zu finden.

Das Ausflugsboot fährt weiter in die ❹ **Herengracht**, mit ihren prachtvollen Fassaden eine der schönsten im mittelalterlichen Grachtenring Amsterdams. Besonders schön ist sie zwischen Huidenstraat

Gehört zu jedem Amsterdam-Besuch: eine Rundfahrt auf den Grachten

Eines der zahlreichen Straßencafés im lebendigen Jordaan-Viertel

und Leidsestraat. Hier hat man auch die Gelegenheit auszusteigen, durch die Kalverstraat zu schlendern und das **Amsterdam Museum** ➜ aD1 zu besuchen.

Nächste Haltestelle ist das Muziektheater, wo einen der gewaltige **Stopera-Komplex** ➜ aE/aF4 erwartet. Mit etwas Fußweg ist von hier aus auch das **Tropenmuseum** ➜ H11 im Oosterpark zu erreichen. Dabei kommt man vorbei am **Natura Artis Magistra** ➜ G10/11 mit Zoo, Aquarium, botanischen Gewächshäusern, Planetarium sowie Geologischem und Zoologischem Museum.

Richtung Hafen geht die Fahrt schließlich in das »Nautisch Kwartier« am Wasser.

Neun Straßen zum Verlieben

Besonders schön bummelt es sich entlang der westlichen Hälfte des Grachtengürtels und damit durch eines der traditionsreichsten Viertel Amsterdams, den ❺ **Jordaan** ➜ D–G6–7. Genau weiß es keiner, aber vermutlich ist der Name vom französischen *jardin* abgeleitet. Dafür spricht auch, dass viele Straßen Pflanzennamen tragen: Es gibt die Bloemgracht, die Rozengracht, die Boom- (Baum) und die Tuinstraat (Gartenstraße). Anfang des 17. Jahrhunderts entstanden, galt der Jordaan als Quartier der einfachen Leute, der Arbeiter und Handwerker. Im Laufe der Jahrhunderte verfiel das Viertel und wurde erst in den 1960er Jahren wiederentdeckt. Die alten Gassen und die kleinen Häuser wurden restauriert und saniert, und heute besitzt dieses Stückchen Amsterdam einen ganz besonderen Charme.

Doch der Jordaan ist heute nicht nur ein schrulliges Viertel mit einem ganz eigenen Charakter, sondern verbirgt auch eines der schönsten Shopping-Areale der Stadt, die ✦ **Negen Straatjes** ➜ F/G6/7, die neun Straßen. Nur wenige Fußminuten vom turbulenten Dam-Platz entfernt, kann man hier fern von Touristenströmen ausgiebig und in

aller Ruhe bummeln, shoppen, speisen und jede Menge originelle Entdeckungen machen. Lange Zeit führten die neun Straßen Reestraat, Hartenstraat, Gasthuis Molenstraat, Berenstraat, Wolvenstraat, Oude Spiegelstraat, Runstraat, Huidenstraat und der Wijde Heisteeg ein Schattendasein. Doch in den 1990er Jahren siedelten sich mehr und mehr Läden hier an, und heute ist das Viertel eine der besten Adressen für flippige Damenmode, schräge Handtaschen, schrille Schuhe, Kinderbücher aber auch für Küchenutensilien, aktuelles Wohndesign und exotischen Schmuck, für Antiquitäten, Trödel, Tand und Krimskrams.

Winzige Tante-Emma-Läden bieten bis in die Nacht Lebensmittel an, es gibt ökologische Bäckereien und Metzgereien, superschicke Friseursalons und einen Whiskyladen mit mehr als 300 Sorten des edlen Getränks. Bistros und Cafés laden zu Pausen ein. Obwohl die »Straatjes« nur ein paar Hundert Meter vom Zentrum entfernt sind, verirren sich nur wenige Touristen hierhin. »Selbst manche Amsterdamer kennen diese Ecke nicht«, sagt Stadtführerin Bregtje Viergever, die ihren Gästen die skurrilsten Adressen zeigt.

So war die Kunstgalerie **Galerie de Salon** ➡ F7 (Wolvenstraat 13, ✆ 020-624 60 58, www.galerie-de-salon.nl) ehemals ein Frisörladen, bis die Eigentümer Herman Deen und seine Frau Marianne Sikkes im Jahr 2000 den Salon umbauten. Seitdem gibt es im hinteren Bereich alle sechs Wochen eine neue Ausstellung moderner Kunst, während vorn weiterhin Haare geschnitten werden, denn Herman Deen ist Artist und Haarkünstler. Nur der Sonntag gehört ausschließlich der Kunst. In der **»Spoiled Denim Bar«** (Wolvenstraat 19, ✆ 020-626 38 18, www.spoiled.nl) ein paar Häuser weiter serviert die Bedienung erst mal einen Espresso oder einen Prosecco, ehe sie den Kunden ihre Wunsch-Jeans aus all den vertretenen Top-Marken heraussucht.

Wer Popart liebt, ist bei **»Mendo«** ➡ F6 richtig (Berenstraat 11, ✆ 020-612 12 16, www.mendo.nl) – ein genialer Buchladen (samt Kunstgalerie), der sich auf Architektur, Fashion, Design und Fotografie spezialisiert hat, aber auch Süßkram und Musik verkauft. Eine Ikone des holländischen Stils und Wohn-Designs ist **»Frozen Fountain«** ➡ G6 (Prinsengracht 645, ✆ 020-622 93 75, www.frozenfountain.nl). Hier werden in einem kleinen Extra-Laden typisch holländische Kreationen gezeigt wie Stoffe von Claudy Jongstra und Keramik von Royal Tichelaar Makkum. Den neusten Chic holländischer und belgischer Mode von den entsprechenden Labels wie Balenciaga, Givenchy, Dries van Noten, Viktor & Rolf und Ann Demeulemeester gibt es bei **»Van Ravenstein«** ➡ F6 (Keizersgracht 359, ✆ 020-639 00 67, www.van-ravenstein.nl). Bei **»360 Volt«** in der Prinsengracht 397 hat ein Beleuchtungs-Maniac Lampen im Industriedesign zusammengetragen, ob von ausgemusterten Booten, aus Fabriken, Kohlegruben oder vom Filmset, alle sind umgerüstet auf die Fassungen von heute und sofort einsetzbar.

Wenn das Bummeln hungrig macht: Bei **»Bertram & Brood«** (Reestraat 15) gibt es köstliche Sandwichs und ofenfrisches Brot. Kalorienbomben für den süßen Zahn wie selbst gemachte Schokolade, Törtchen und Kuchen serviert die **»Pompadour Chocolaterie«** ➡ G7 (Huidenstraat 12), wo schon der Blick ins Schaufenster süchtig macht. Waffen gegen die Zuckerteufel findet man bei **»De Witte Tandenwinkel«** ➡ G6 (Runstraat 5), der ausschließlich Zahnbürsten verkauft, die aber dafür in allen denkbaren Farben und Formen. Auch Großmaul Mick Jagger hat sich hier schon eingedeckt. Dazu bietet das Spezialgeschäft 50 verschiedene Zahnpasten an – mit Minze- oder Kräutergeschmack, mit Anis- oder Lemon-Note. »Die Kunden kommen aus der ganzen Welt und bisher haben noch alle gefunden, was sie suchen«, sagt Verkäuferin Claartje Michels.

Und für den, der sich am liebsten gleich mitten im malerischen, verrückten und lebenslustigen Geviert der Negen Straatjes einmieten will: Die vier Suiten des neuen **Miauw Suites Hotels** ➡ F7 (Hartenstraat 36, ✆ 020-893 29 33, www.miauw.com, € 145–245 pro Nacht) liegen direkt über der hoteleigenen Kunstgalerie und sind mit Apple PCs und freiem Telefonsystem ausgestattet.

Alle Details zu diesem Viertel findet man unter: www.theninestreets.com/ninestreetsguide.html.

Von Java bis Borneo

Amsterdam bietet nicht nur ehrwürdige, alte Grachtenhäuser, sondern auch innovatives, neues Design. Jüngstes und schon vielfach preisgekröntes Beispiel ist der alte ❻ **Osthafen** ➡ D–F11–14. Dort entstand in den vergangenen Jahren auf alten Molen ein neues Wohn- und Flanierviertel, das nicht nur Architektur-Profis aus aller Welt begeistert, sondern auch dem Laien aufs Schönste beweist, dass der Brückenschlag zwischen Tradition und Moderne auf eine faszinierende und spielerische Weise gelingen kann.

Kurzum, Amsterdam hat seinen Hafen wiederentdeckt – aber nicht als Umschlagplatz für Waren und als Tor zur Welt, sondern als ungewöhnlichen Ort zum Bauen, Wohnen und Leben. Rem Koolhaas, Hollands legendärer Architekt, kam als erster auf die Idee, die lange aufgegebenen Kaianlagen neu zu nutzen und motivierte eine Riege junger Architekten, ihre Ideen umzusetzen. Schauplatz sind die ehemaligen Molen **Java-Eiland**, **KNSM-Eiland**, **Sporenburg** und **Borneo-Eiland** im östlichen Hafengebiet.

Muziekgebouw aan't IJ: Quantensprung in die Zukunft

Diese Molen entstanden zwischen 1876 und 1927, weil damals die großen Schiffe den alten Hafen durch den Bau des benachbarten Hauptbahnhofs nicht mehr ansteuern konnten. Um möglichst lange Kais zu schaffen, legte man vier schmale, lang gestreckte Halbinseln an, doch auch sie wurden bald zu klein. So verlor das Gebiet gänzlich seine Funktion. Zwischenzeitlich gab es den Plan, die ganze Region einfach zuzuschütten, aber der wurde zum Glück wieder verworfen.

Das neue Viertel hat Architekturgeschichte geschrieben: Bis heute sind auf den Inseln über 8000 höchst ungewöhnliche Wohnungen entstanden. Einige der Bauten haben bereits Kultstatus – wie **The Whale** (Der Wal) ➡ F14, der sich mit seiner schuppenartigen Außenhaut aus Zink auf Sporenburg in den Himmel erhebt. Oder die skulpturenhaft geschwungene, knallrote Stahlrohrbrücke, die zwischen den Inseln Sporenburg und Borneo durch die Luft kurvt und den Spitznamen **Pythonbrücke** trägt. Oder **Hoop, Liefde en Fortuin** ➡ F13 (Hoffnung, Liebe und Glück), benannt nach drei Windmühlen, die einst hier standen, ein Wohnblock aus 202 Miet- und 167 Eigentumswohnungen, der sich wie eine filigrane Bildhauerarbeit an der Panamalaan, Ecke Rietlandpark erstreckt.

Aber es geht auch eine Nummer kleiner. Im Unterschied zu den meisten auf Borneo und Sporenburg realisierten Wohnhäusern, die alle von Generalunternehmen errichtet wurden, gab die Stadt bei der Bebauung der **Scheepstimmermanstraat** ➡ F14 60 privaten Auftraggebern die Möglichkeit, ihre eigenen Wohnungen zu entwerfen. Eine kleine Sensation, denn damit verkaufte Amsterdam erstmals seit dem 17. Jahrhundert Baugrundstücke an Privatpersonen.

Die Traumhäuser mussten allerdings strenge Bestimmungen erfüllen, so war die maximale Höhe auf 9,20 Meter festgelegt, das Erdgeschoss sollte 3,50 Meter hoch sein. Das Ergebnis ist eine faszinierende Ansammlung einzigartiger Reihenhäuser. Der Eingang liegt jeweils an der Scheepstimmermanstraat, an der Stirnseite grenzen die Häuser mit großen Fensterfronten ans Wasser.

Spaziergänger müssen allerdings genau hinschauen, denn auf den ersten Blick wirkt die Anlage zur Straßenseite hin geschlossen, die Überraschungen liegen im Detail. Eher schlichte Entwürfe wechseln übergangslos mit radikal-utopischen oder traditionellen architektonischen Varianten. Auch die Baustoffe bieten einen bunten Mix: Backstein trifft unvermit-

telt auf Beton oder Aluminium, auf Stahl oder Stuck, gleich daneben folgen Lochfassaden mit Holzlamellen, ein paar Meter weiter mutieren typische Amsterdamer Grachtenhausfassaden zu italienischen Formen. Zeigt sich die eine Front verschlossen, so ist die nächste offen und transparent oder bietet einen schmalen Gang zum Wasser. Die gleiche Vielfalt herrscht auch bei der Raumaufteilung. Verschachtelte Lösungen stehen neben offenen Varianten mit flexiblen Grundrissen. Als zwei besonders spektakuläre Entwürfe gelten die raffiniert ineinander verhakten Bauten Nr. 12 und Nr. 18.

Die Bewohner Amsterdams, die sich für das Insel-Experiment entschieden haben und in den Hafen umgesiedelt sind, haben auch eine besondere Lebensqualität mitgebracht. Die Highlights: Mit dem neuen Konzerthaus ❼ **Muziekgebouw aan't IJ** ➜ D/E10 spielt hier nun auch die Musik, und für den leiblichen Genuss hat Englands Starkoch Jamie Oliver ein Restaurant eröffnet. Boutiquen, Designerläden und Terrassencafés, die sich im Umfeld angesiedelt haben, garantieren auch den bummelnden Besuchern Shopping-Spaß und attraktive Treffpunkte mit Aussicht.

Haarlemmerpoort und Westergasfabriek

Auch Amsterdams Nordwesten drängt sich neu ins Blickfeld, wenn man von Hollands Metropole mehr sehen will als nur die schönen Klischees. Dort entstand aus einer alten Industriebrache der 2004 eröffnete

Ehemaliger Standort vieler Bierbrauereien: die Brouwersgracht

Kulturpark Westergasfabriek ➡ C4/5. Entlang des Haarlemmerwegs und angrenzend an den Westerpark stehen 16 charakteristische Indus- triedenkmäler aus dem 19. Jahrhundert, die allesamt zur ehemaligen Westergasfabriek gehörten. Der Kulturpark (rund um die Uhr geöffnet) ist ein Entwurf der amerikanischen Landschaftsarchitektin Kathryn Gustafson, die bereits den Parc de la Villette in Paris gestaltete. Der bildschöne kreisrunde Gasometer von 1903 hat sich zum beliebten Treffpunkt entwickelt, hier finden auch Konzerte und Feste statt.

Im Sommer ist der **Westerpark** mit seinen vielen Spiel- und Plansch- möglichkeiten ideal für kleine Kinder. Der historische Park wurde in westlicher Richtung erweitert und neu gestaltet, u. a. mit 1100 neu gepflanzten Bäumen. Vorlage für die gewundenen Kieswege, für den großen Weiher und die übrigen Wasserspiele waren die Landschafts- parks des 19. Jahrhunderts.

Rund um den **Haarlemmerplein** ➡ C6 stehen alte Speicherhäuser unter Denkmalschutz und Kneipen und Läden locken Kunden an. Noch vor hundert Jahren lud man an dieser Stelle die Frachten von großen auf kleine Wagen, die die schmalen Innenstadtstraßen passieren konn- ten. Das alte Tor **Haarlemmerpoort** war bis in die zweite Hälfte des 19. Jahrhunderts eines der Zugangstore von Amsterdam und heißt bei den Einheimischen Willemspoort, weil König Willem II. im Jahr 1840 durch diesen Bogen in die Stadt fuhr.

Eine große Rolle in der holländischen Geschichte spielt auch das nahe **Westindische Haus** ➡ D7 (Herenmarkt 99), Mitte des 17. Jahr- hunderts das Hauptquartier der mächtigen Westindischen Kompanie, deren stolze Frachtschiffe auf den Weltmeeren unterwegs waren und den Reichtum der Stadt begründeten. Im denkmalgeschützten Ge- bäude wurden viele Entscheidungen getroffen, die bis in diese Tage fortwirken. So beschlossen die Herren der WIC im Jahre 1626 hinter eben diesen Mauern, dass aus wirtschaftlichen Gründen jenseits des Atlantiks das Fort Amsterdam gebaut werden muss, am besten auf den beinharten Felsen des heutigen Manhattan. Vermutlich weiß kaum ein New Yorker, dass die Gründung der heutigen Weltstadt in diesen Räumen entschieden wurde.

Haarlemmerdijk und **Haarlemmerstraat** ➡ C6–D8 sind gemütliche Einkaufsstraßen mit vielen kleinen Läden, Kneipen und Restaurants. Zwischen dem Haarlemmerdijk und dem Grachtengürtel liegt die

Westergasfabriek: Kulturzentrum für Konzerte, Events und Festivals

Brouwersgracht mit mächtigen Speichergebäuden aus dem 16. und 17. Jahrhundert; ihren Namen hat sie von den damals hier ansässigen Bierbrauereien.

Nördlich der Haarlemmerstraat und jenseits der Bahnunterführung liegt das westliche Inselgebiet: **Bickers-Eiland, Realen-Eiland** und **Prinsen-Eiland** ➜ B/C7. Auch hier finden sich wunderschöne denkmalgeschützte Speicher aus dem 17. Jahrhundert – die sehenswertesten stehen auf Prinsen-Eiland. Das Gebiet entstand zu Beginn des 17. Jahrhunderts durch Aufschüttung. Damals war hier das Schiffsbaugewerbe zuhause, und auf Realen-Eiland gab es eine Gerberei, in der die Schiffssegel in Eichenrinde ausgekocht wurden.

Das neue Herz der Subkultur: NDSM-Werft

Auf der anderen Seite der Ij, am Nordufer des Flusses, ist mit der **NDSM-Werft** ➜ bB6 zwischen verrosteten Rampen, Kränen und Docks das größte selbstverwaltete Kulturprojekt der Niederlande (wenn nicht ganz Europas) entstanden. Herz der neuen Subkulturszene ist die NDSM-Halle, riesig wie ein Flugzeughangar, 20 000 Quadratmeter groß und 20 Meter hoch, in der Hunderte containerartige Raumeinheiten aus Stahlblech, Pressspanplatten oder Rigipswänden kreuz und quer wie dahingestreut und übereinandergestapelt sind – lackiert, beklebt, besprayt und jede für sich ein Unikat. Die Mieter sind Designer, Architekten, Multimedia-Profis, Künstler, Musiker, Filmemacher und Theaterproduzenten, die für ihr kreatives Heim im ehemaligen Werftgebäude 35 Euro Jahresmiete pro Quadratmeter zahlen, ein eher symbolischer Preis, noch dazu wo die Stadt für Wasser, Strom, Kanalisation und sanitäre Anlagen sorgt. Diese *Kunstad* (Art City) ist heute ein Komplex von Ateliers und Werkstätten auf zwei Ebenen, ein Skatepark gehört dazu, Studios, Werkstätten und Probebühnen.

Das gesamte Gelände hat 86 000 Quadratmeter und umfasst das Areal der 1984 in Konkurs gegangenen Nederlandschen Dok en Scheepbouw Maatschappij (NDSM). Im Sommer 2002 präsentierte eine Gruppe von Künstlern, Theaterleuten, Skatern und Architekten unter dem Namen Kinetisch Noord dem Gemeinderat den Plan, die NDSM-Werft zu mieten und sie zum selbstverwalteten Kulturzentrum zu machen. Inzwischen haben sich hier auch etliche Jugendprojekte angesiedelt, neben Internetcafés gibt es ein Puppentheater und eine Hip-Hop-Schule. Die Kreativen haben auch Kommerzielle angelockt. So hat sich MTV Networks ein schickes Headquarter samt Studio hingestellt, Lokale wie die »Ij-Kantine« mit spektakulärem Blick auf die Stadt jenseits des Flusses oder das Café »Noorderlicht« ziehen die Amsterdamer Szene an. Und für die Besucher von auswärts ist das »Botel«, ein schwimmendes Drei-Sterne-Hotel in einem umgebauten Binnenschiff, vor drei Jahren hierher umgesiedelt. Das Hotel gleich neben der Anlegestelle bietet vom Frühstücksraum und von vielen Zimmern einen herrlichen Blick übers Wasser, die 175 Zimmer sind einfach und modern ausgestattet und ab 91 Euro zu haben (www.amstelbotel.nl).

Infos: Die NDSM-Werft ist von der Anlegestelle hinter dem Bahnhof jeden Tag bis Mitternacht im 10-Minutentakt zu erreichen, die Fährfahrt ist gratis. Geführte Touren über die NDSM-Werft mit Kinetisch Noord: ✆ (020) 330 54 80, www.ndsm.nl. ∎

Museen, Architektur und andere Sehenswürdigkeiten

Museen

Amsterdam Museum ➡ aD1
Kalverstraat 92
Tram 1/2/5: Spui
✆ (020) 523 18 22
www.amsterdammuseum.nl
Tägl. 10–17 Uhr
Eintritt € 10/5 (5–18 J.)
In historischem Ambiente veranschaulichen Exponate, Schautafeln, Dia- und Videovorführungen 750 Jahre Stadtgeschichte. Das ehemalige Waisenhaus entstand im Jahr 1523 und erstreckte sich auch über das benachbarte Lucienkloster; um 1570 beherbergte es bereits 200 Waisenkinder.

Anne Frankhuis ➡ E6
Prinsengracht 263–267
Tram 13/14/17: Westermarkt
✆ (020) 556 71 05
www.annefrank.org
Tägl. Mitte März–Okt. 9–21, Sa und Juli/Aug. bis 22, Nov.–Mitte März 9–19, Sa bis 21 Uhr
Eintritt € 9/4,50 (10–17 J.)
Ungefähr zwei Jahre versteckten sich hier in einem Hinterhaus, das als Lagerraum diente, die jüdische Familie Frank, eine weitere befreundete Familie und ein alleinstehender Herr vor der Gestapo. Sie lebten auf engstem Raum und in ständiger Angst entdeckt zu werden. Am 4. August 1944 drangen deutsche Soldaten in das Versteck ein, die Hinterhausbewoh-

Anne Frank (1929–45)

ner wurden deportiert. Nur Otto Frank, Annes Vater, überlebte.

Anne Frank starb 1945 im Alter von 15 Jahren im Lager Bergen-Belsen. Ihr Tagebuch blieb erhalten und erinnert an die Shoa und die Verbrechen der Nazis. Zu den Ausstellungsstücken gehören historische Dokumente, Fotografien, Filmmaterial und Teile des Original-Mobiliars der Familie. Ihr Tagebuch sowie andere Notizbücher sind ebenfalls ausgestellt. Im vorderen Teil des Hauses finden wechselnde Ausstellungen statt. Das Haus ist heute eine der meistbesuchten Sehenswürdigkeiten Amsterdams; lange Warteschlangen.

Die weiße Rosskastanie vor dem Haus fiel im Sommer 2010 einem Sturm zum Opfer. Der Baum hatte für Anne Frank eine besondere Bedeutung, denn er war das einzige Stück Natur, das sie vom Hinterhaus aus sehen konnte. Nun will die Initiative »Stiftung Support Anne Frank Tree« versuchen, aus den Samen ein neues, »lebendiges Gedenkzeichen« zu ziehen.

Bartolottihuis ➡ E7
Herengracht 168–172
Tram 13/14/17: Westermarkt
✆ (020) 551 33 00
Mo–Fr 11–17, Sa/So 13–17 Uhr, So/Mo Bibliothek geschl.
Eintritt € 6/4 (7–16 J.)
Das Bartolottihuis gilt als eines der schönsten Beispiele holländischer Renaissancearchitektur. Prunkstück ist der reich verzierte Treppengiebel, der die typische Giebelform des frühen 17. Jh. zeigt. Baumeister war Hendrick de Keyser; den Namen verdankt das Haus seinem ersten Besitzer, Bartolotti.

❼ EYE Film Institut ➡ C9
Ijpromenade 1
Gratisfähre tägl. rund um die Uhr vom Hauptbahnhof zur Station Buiksloterweg
☎ (020) 589 14 00, www.eyefilm.nl
Tägl. Ausstellung 11–18 (Eintritt frei), Shop 11–19, Ticket Office für Kinos 10–22, Fr/Sa bis 23 Uhr
Wie ein weißer Vogel ist das neue Filminstitut EYE am Nordufer der IJ gelandet. Die Architekten sagen, es sei eine Auster, die ein bisschen geöffnet ist, sodass man hineinsehen und das Herzstück des neuen Museums entdecken kann: eine gigantische Arena mit Blick auf die Altstadt. Von hier geht es in die Kinos, denn EYE ist nicht nur ein Institut zur Geschichte des Films mit 37 000 Titeln, sondern vor allem ein neuer Treffpunkt mit Cafés und vier Kinosälen, der die Amsterdamer auf die andere Seite des Flusses locken soll, ins neue Kreativviertel.

Der reich verzierte Treppengiebel des Bartolottihuis

❀ Hermitage Amsterdam ➡ G9
Amstel 51
Tram 9/14, Metro 51/53/54: Waterlooplein
☎ (020) 530 74 88
www.hermitage.nl
Tägl. 9–17 Uhr
Eintritt € 15/5 (6–16 J.)
Der Amstelhof wurde 1683 als Wohnstift für alleinstehende Frauen gegründet und bis 2007 als Altenheim genutzt, dann ging er an die Stadt mit der Auflage, ihn kulturell zu nutzen. Während das Äußere des Gebäudes mit Ziegelfassaden und fein profilierten Fenstern sorgfältig saniert wurde, entkernten die Architekten das Innere und ließen ein lichtdurchflutetes Labyrinth aus Räumen und Fluren entstehen. Die ehemalige Kapelle, ein hoher, langgestreckter Saal mit Blick aufs Wasser wird als Konzertraum genutzt.

Das Museum zeigt im halbjährlichen Wechsel Kunstschätze der St. Petersburger Eremitage. Peter der Große ließ seinerzeit seine neue Hauptstadt nach dem Vorbild Amsterdams errichten, nun beherbergt Amsterdam die erste Außenstelle des berühmtesten russischen Museums.

Joods Historisch Museum/Jüdisches Historisches Museum ➡ aF5
Nieuwe Amstelstraat 1
Tram 9/14, Metro 51/53/54: Waterlooplein
☎ (020) 531 03 10, www.jhm.nl
Tägl. 11–17 Uhr, an jüdischen Feiertagen geschl., Eintritt € 12/6 (13–17 J.), 6–12 J. € 3
Der Museumskomplex wurde 1987 gegründet und besteht aus vier Synagogen, die im 17. und 18. Jh. deutschen Juden gehörten. Das Museum wurde mehrmals international ausgezeichnet, es gilt als bedeutendste historische Ausstellung außerhalb Israels, die über die Geschichte der holländischen Juden Aufschluss gibt.

Madame Tussauds
Vgl. Mit Kindern in der Stadt, S. 64.

Museum Ons' Lieve Heer op Solder ➡ aB4
Oudezijds Voorburgwal 40
Tram 1/2/4/9/13/14/16/17/24/25/26,
Metro 51/53/54: Centraal Station
✆ (020) 624 66 04, www.opsolder.nl
Mo–Sa 10–17, So 13–17 Uhr
Eintritt € 8/4 (6–18 J.)
Die besterhaltene Schlupfkirche Amsterdams und ein Zeugnis religiöser Unterdrückung. Zur einstigen Geheimkirche geht es in dem ehemaligen privaten Bürgerhaus auf den Dachboden. Nachdem im 16. Jh. der Beitritt zum protestantischen Glauben Pflicht war, feierten die Katholiken ihre Messen in mehr als zwei Dutzend Privathäusern, meist auf dem Dachboden. Diese Geheimkirche ist besonders prunkvoll, und man kann sehen, wie bescheiden die Familie selbst gewohnt hat.

Nederlands Scheepvaart Museum/Schifffahrtsmuseum ➡ aD8
Kattenburgerplein 1–7
Tram 26: Kattenburgerstraat
✆ (020) 523 22 22
www.hetscheepvaartmuseum.nl
Tägl. 9–17 Uhr
Eintritt € 15/7,50 (5–17 J.)
2011 wurde das Maritimmuseum nach vierjähriger Renovierung

Der Frachtensegler »Amsterdam« der Vereinigten Ostindischen Kompanie: Jede Fahrt dauerte 15 Monate – ohne Dusche und WC

Liegt wie ein Schiff im Hafen: das NEMO Science Center

wieder eröffnet. Das 350 Jahre alte Gebäude erhielt einen glasüberdachten Innenhof – und ein neues Museumskonzept. Herz der Präsentation ist der Innenhof, wo die Gäste wählen können, welche Themen sie am meisten interessieren. Die Ausstellungsstücke – darunter allein 500 Schiffsmodelle, wertvolle Seekarten, unzählige Schlachtengemälde und Beispiele jener Reichtümer, die die Handelsschiffe von ihren Reisen mitbrachten – werden interaktiv präsentiert.

Der Nachbau des Ostindienfrachters »Amsterdam« liegt neben dem Museum vertäut. Fast 1500 solcher Frachtensegler waren im 17. Jh. für die sagenhafte »Verenigde Oostindische Compagnie« nach Fernost unterwegs, um Stoffe, Gewürze, Tee und Porzellan nach Holland zu bringen. Jede Fahrt dauerte 15 Monate – ohne Dusche, WC und sauberes Trinkwasser.

Auch das echte Vorbild der »Amsterdam« war im 18. Jh. für die Ostindische Kompanie unterwegs. 1749 sank sie in Asien mit

Mann und Maus. Zwischen März und November erwacht sein Nachbau zum Leben und bietet unter seinen gewaltigen Mastbäumen Geschichte live: Schauspieler in historischen Kostümen schildern den Alltag an Bord mit drangvoller Enge, verfaultem Essen und drakonischen Strafen. Da schrubben Leichtmatrosen die Decksplanken, der Steuermann zeigt wie der Kurs berechnet wird, der Kapitän gibt Auskunft über die Schätze, die das Schiff in den Kolonien geladen hat, und in der Kombüse darf man dem Schiffskoch in die Töpfe schauen.

NEMO Science Center
Vgl. Mit Kindern in der Stadt, S. 64.

❶ Rembrandthuis ➡ aE4
Jodenbreestraat 4
Tram 9/14, Metro 51/53/54: Waterlooplein
✆ (020) 520 04 00
www.rembrandthuis.nl
Tägl. 10–18 Uhr
Eintritt € 12,50/4 (6–17 J.)
In diesem Haus lebte und arbeitete der Künstler Rembrandt van

Jan Vermeer van Delft: »Die Milchmagd« (um 1658, Rijksmuseum)

Rijn (1606–69) von 1639 bis 1659. Der Künstler lebte finanziell weit über seine Verhältnisse, was ihm schließlich zum Verhängnis wurde. Hochverschuldet musste er das Haus 1658 verkaufen, durfte aber noch zwei weitere Jahre hier leben. Dann zog er um an die Rozengracht, sein Hab und Gut wurde versteigert. Aus diesem Grund findet sich im Rembrandthuis kein Original-Mobiliar, doch das Haus ist mit Möbeln aus seiner Epoche eingerichtet.

❽ Rijksmuseum/Reichsmuseum
➡ H/J6/7
Stadhouderskade 42
Tram 2/5: Hobbemastraat
✆ (020) 662 14 40
www.rijksmuseum.nl
Tägl. 9–17 Uhr
Eintritt € 15, bis 18 J. frei
Das Gebäude vom Architekten des Hauptbahnhofs, P. J. Cuypers, wurde 1885 fertiggestellt. Es beherbergt eines der bedeutendsten Museen Europas. Die Sammlung geht zurück auf das Jahr 1808 und Louis Napoléon, den ersten König der Niederlande. Sie vereint heute Kunsthandwerk aus den ehemaligen Kolonien, Schnitzereien, Porzellan und Möbel, aber vor allem Gemälde niederländischer Meister des 15. bis 17. Jh., u. a. Rembrandts weltbe-

rühmte »Nachtwache«, Frans Hals »Fröhliche Zecher« und Vermeers »Straatje«.

Zehn Jahre lang wurde das Haus restauriert und modernisiert, sechs Jahre länger als geplant und mit 375 Mio. Euro auch teurer als erwartet. Seit der Wiedereröffnung im April 2013, die mit großem Pomp gefeiert wurde, reißen die Lobeshymnen nicht ab. Kritiker und Besucher sind gleichermaßen begeistert. Nur vier Monate nach der Wiedereröffnung waren 1 Mio. Besucher im neuen Gebäude. Täglich kommen seither zwischen 7000 und 10 000 Neugierige in die renovierte Kunst-Kathedrale mit den spektakulär verglasten Innenhöfen.

Das **Rijksmuseum Café im Atrium** (tägl. 9–18 Uhr) ist auch für Gäste geöffnet, die das Museum nicht besuchen, Reservierungen sind nicht möglich.

Stedelijk Museum/
Städtisches Museum ➡ J6
Museumplein 10
Tram 2/3/5/12: Van Baerlestraat
✆ (020) 573 29 11
www.stedelijk.nl
Tägl. 10–18, Do bis 22 Uhr
Eintritt € 15/7,50 (13–18 J.), bis 12 J. frei
Das Stedelijk Museum ist Hollands erste Adresse für moderne Kunst. Im September 2012 wurde das neue Stedelijk nach neunjähriger Renovierung wiedereröffnet. Das Haus hat einen neuen Flügel und mehr Platz, um seine berühmte Sammlung zu präsentieren, darunter Meister wie Matisse, Chagall, Picasso, Beckmann und Newmans, außerdem abstrakte Kunst der niederländischen Bewegung »De Stijl« und der Gruppe »Cobra«.

Die Kollektion des Stedelijk Museums geht zurück auf das Vermächtnis des Kunsthändlers Lopes Suasso, dessen Witwe die Kunstsammlung dem Städtischen

Museum stiftete. Heute wird das Angebot noch erweitert durch experimentelle Filme und Videokunst.

Tropenmuseum ➡ H11
Linnaeusstraat 2
Tram 9/10/14: Alexanderplein
✆ (020) 568 82 00
www.tropenmuseum.nl
www.kit.nl
Tägl. außer Mo 10–17 Uhr
Eintritt € 12/8 (4–12 J.)
Das große Museum wurde 1926 eingeweiht und zeigt mit 300 000 Objekten und historischen Fotos die koloniale Vergangenheit der Niederlande. Schon der Bau ist beeindruckend; als ehemaliger Sitz der *Koloniaal Instituuts* besitzt er prächtige Dekorationen, Reliefs und ausgewähltes Kunsthandwerk. Die meisten Ausstellungsstücke kamen mit den Frachtschiffen nach Amsterdam und vermitteln einen Eindruck der Alltagskultur in den Kolonien jener Zeit. Ein Audioguide stellt die Glanzstücke der ständigen Ausstellungen vor und ist auch auf Deutsch zu haben. Auch Tanztheater-Veranstaltungen und Konzerte gehören zum Museumsprogramm.

Angeschlossen ist das ambitionierte **TM Junior**, ein Kindermuseum, das den Jüngsten Themen wie Schutz der Regenwälder und den Alltag in den heutigen Regionen Afrikas, Lateinamerikas und Asiens näher bringt.

⑨ Van Gogh Museum ➡ J6
Paulus Potterstraat 7
Tram 2/3/5/12: Van Baerlestraat,
Tram 3/5/12/16/24: Museumplein
✆ (020) 570 52 52
www.vangoghmuseum.nl
Tägl. 10–18, Fr bis 22 Uhr
Eintritt € 15, bis 17 J. frei
Genie und Wahnsinn – die künstlerische Schaffensperiode Vincent van Goghs (1853–90), der erst 1880 mit dem Malen begann, dauerte nur zehn Jahre; in geistiger Verwirrung setzte er seinem Leben ein Ende. Das Amsterdamer Museum zeigt die weltweit umfangreichste Sammlung seiner Werke, die der Stadt von van Goghs jüngerem Bruder Theo vermacht wurde. Das Museum besitzt über 200 Gemälde aus allen Schaffensperioden des Künstlers und 400 Zeichnungen. Zu den ausgestellten Hauptwerken gehören »Die Kartoffelesser«, »Das Schlafzimmer in Arles«, »Selbstbildnis mit Strohhut« und eine Version der »Sonnenblumen«. Außerdem bewahrt das Museum den Großteil der Briefe Vincent van Goghs auf. Die von Theo van Gogh begonnene Sammlung von Werken anderer Künstler des 19. Jh. wurde mit Stiftungsgeldern kontinuierlich ausgebaut, sodass das Museum heute auch Werke u. a. von Courbet, Gauguin, Manet, Millet, Monet, Pissarro, Seurat und Toulouse-Lautrec besitzt. Dem Museum ist eine Fachbibliothek mit mehr als 24 000 Büchern über van Gogh und andere Künstler des 19. Jh. angegliedert (Museumsplein 4, Mo–Fr 10–12.30 und 13.30–17 Uhr).

Vincent van Goghs »Selbstbildnis mit Filzhut« (1887, Van Gogh Museum)

Architektur und andere Sehenswürdigkeiten

Amsterdam Dungeon → aD2
Rokin 78
Tram 4/9/14/16/24/25: Spui
www.theamsterdamdungeon.nl
Tägl. 11–17 Uhr, manchmal länger
Eintritt € 21/17, Zutritt ab 5 J. in Begleitung Erwachsener
Das historische Gruselkabinett mit Folterkammer und Grusellabyrinths wurde komplett erneuert und bietet jetzt eine 80-minütige Horrorshow mit Live Acts, nichts für Grundschulkinder, aber – wenn man sich die langen Warteschlangen ansieht – ein Muss für Jugendliche.

Amsterdams Marionetten Theater → aC5
Nieuwe Jonkerstraat 8
Metro 51/53/54: Nieuwmarkt
✆ (020) 620 80 27
www.marionettentheater.nl
Eintritt € 15/6 (6–14 J.)
Im stilvollen Theater wird beim Lunch, Nachmittagscafé oder Candle-Light-Dinner außergewöhnliches Marionettentheater gezeigt, wie z. B. Mozarts Zauberflöte.

❷ Begijnhof → aE1
Zugang von der Kalverstraat 92, Historisch Museum, oder Eingang bei der Spui 14
Tram 1/2/5: Spui
✆ (020) 622 19 18
www.begijnhofamsterdam.nl
Kapelle Mo 13–18.30, Di–Fr 9–18.30, Sa/So 9–18 Uhr
Der berühmteste der Amsterdamer Hofjes liegt hinter dem Historischen Museum der Stadt. Die Beginen waren Frauen, die ohne bindendes Gelübde in einer klosterähnlichen Gemeinschaft zusammenlebten und sich um die Pflege bedürftiger Menschen kümmerten.

Der Begijnhof wurde 1346 von der Schutzpatronin St. Ursula gestiftet und blieb von dem verheerenden Stadtbrand 1421 leider nicht verschont. Die meisten der hinter alten Bäumen verborgenen Häuschen stammen aus dem 17. Jh. Im Haus Nr. 31 und 32 befand sich zu dieser Zeit, als es den Katholiken nicht gestattet war ihre Religion offen auszuüben, eine katholische Geheimkirche.

Heute ist der lauschige Hof liebevoll gepflegt und detailgetreu restauriert. Die Giebelhäuser sind beliebte Adressen für alleinstehende Amsterdamer Bürgerinnen.

Im **Begijnhof Shop** (Nieuwezijds Voorburgwal 371, ✆ 020-423 00 87, tägl. außer So 12.30–15.30 Uhr) gibt es Religiöses und Souvenirs zu kaufen.

Beurs van Berlage → aB3
Damrak 243/Beursplein 1–3
Tram 4/9/16/24/25: Dam
✆ (020) 530 41 41
www.beursvanberlage.nl
Mo–Sa 10–18, Sa 11–18 Uhr
Hendrik Petrus Berlage (1856–1934) wird als Wegbereiter der neuen Architektur in Holland angesehen. Die Börse am Damrak gilt als sein Meisterstück. Die strenge Gliederung der 450 m langen Fassade zeigt deutlich die elegante geometrische Schlichtheit der neuen Amsterdamer Schule.

Centraal Station → aA4/5
Stationsplein
Tram 1/2/4/9/13/14/16/17/24/25/26, Metro 51/53/54: Centraal Station
✆ 0900-92 92
Das imposante Bahnhofsgebäude im prunkvollen Stil des Historismus wurde wie das Rijksmuseum von dem holländischen Architekten P. J. Cuypers entworfen. Besucher, die mit dem Zug in Amsterdam ankommen, sind überrascht, wenn sie das Bahnhofsgebäude verlassen, denn es liegt direkt am Wasser. Der Bahnhof wurde auf künstlichen Inseln an der Ij errich-

Der lauschige Begijnhof: Sommerduft nach frisch geschnittenem Gras

tet und Tausende von Baumstämmen sichern seine Fundamente. Bahnhofsvorplatz und Zugang zum Wasser sind mindestens bis 2015 eine gigantische Baustelle.

Claes Claesz Hofje ➡ E6
Eerste Egelantiersdwarsstraat 3
Tram 13/14/17: Westermarkt
In der Blütezeit Amsterdams, im Goldenen Zeitalter, stifteten die reichen Kaufleute Wohnraum für arme Witwen und mittellose Bürger. Typisch für diese kleinen idyllischen Siedlungen sind die blütenumrankten, baumbestandenen Innenhöfe, die Amsterdamer Hofjes. Heute sind die Häuser beliebte Wohnstätten von Künstlern und Individualisten, die sich an den romantischen grünen Winkeln erfreuen. Das Claes Claesz Hofje, zu dem 23 Häuser gehören, entstand 1620 im Jordaanviertel. Schmuckstück im Inneren des dreigeteilten, malerischen Hofes ist der Löwenbrunnen.

Concertgebouw ➡ J6
Concertgebouwplein 2–6
Tram 3/5/12/16/24: Museumplein
✆ (020) 671 83 45
www.concertgebouw.nl
Führungen mit Konzert So ab 9.30 Uhr (leichte klassische Musik 11 Uhr)
Kasse Mo–Fr 13–19, Sa/So 10–19 Uhr
Das städtische Konzerthaus wurde 1888 eröffnet und zählt zu den Top-Adressen Europas. Die Art und Weise der Darbietung war ursprünglich recht ungewöhnlich: Während der Konzerte wurden den Zuhörern einst Speisen und Getränke serviert. Noch heute zieht das ganze Orchester im Sommer ins Freie, um unter Schatten spendenden Bäumen zu musizieren. Architekt des neoklassizistischen Bauwerks war Adolf Leonhard von Gendt. Die Front wird beherrscht von mächtigen Säulen, dazwischen stehen Büsten von Bach und Beethoven, über allem ragt auf dem Dachfirst eine goldene Leier.

Das Concertgebouw beherbergt das *Koninklijk Concertgebouworkest*, das zu den führenden Orchestern der Welt zählt. Die einzigartige Akustik des Konzertsaals mit seinen 2200 Plätzen lockt die erste Liga der internationalen Musiker und Opernstars zu Gastspielen nach Amsterdam.

3 Dam ➡ aC2

Tram 1/2/4/5/9/13/14/16/17/24/25: Dam

Dieser pulsierende Mittelpunkt der Stadt gilt als der Markusplatz des *Venezia olandese*. Im 13. Jh. begann mit dem Bau des Dammes *(dam)* die Geschichte Amsterdams, die ersten Binnenhäfen entstanden. Früher wurden auf dem Dam Märkte abgehalten, im 16. Jh. hatte hier die Stadtwaage ihren Platz. Im reichen Goldenen Zeitalter entstanden die wirtschaftlichen und politischen Machtzentren: Die **Börse** und das Stadt- und Gerichtshaus, heute der **Königliche Palast**.

In der Mitte des Dams steht das **Nationalmonument**, das im Jahr 1956 von Königin Juliana eingeweiht wurde. Es erinnert an die Befreiung Amsterdams von der deutschen Besatzung während des Zweiten Weltkrieges. In seinem Sockel ruhen Gefäße mit der Erde aus den niederländischen Kolonien.

Heutzutage lagern bei schönem Wetter junge und alte Besucher aus dem In- und Ausland auf den Stufen des Monuments. Und wenn Holland etwas zu feiern hat oder andere Ereignisse die Nation erschüttern, treffen sich die Amsterdamer auf dem Dam.

Hortus Botanicus/
Botanischer Garten ➡ aF6

Plantage Middenlaan 2
Tram 9/14, Metro 51/53/54: Waterlooplein
☎ (020) 625 90 21
www.dehortus.nl
Tägl. 10–17 Uhr
Eintritt € 8,50/4,50 (5–14 J.)

Der botanische Garten wurde im 17. Jh. gegründet. Die Schiffe der Vereinigten Ostindischen Handelskompanie hatten exotische Blumen und Pflanzen aus den fernen Reichen Asiens und Afrikas mitgebracht, und so entstand eine Sammlung, die in ganz Europa berühmt wurde.

Waren am Anfang hauptsächlich Ärzte und Apotheker an den unbekannten Pflanzen und ihrer Heilkraft interessiert, begeisterten sich schon bald immer mehr Menschen für die prächtigen Gewächse. 1714 schenkten die Amsterdamer Bürger dem französischen Sonnenkönig ein Kaffeepflänzchen aus dem Hortus Botanicus, das die Grund-

Auf Amsterdams zentralem Platz ist immer Remmidemmi

Im Sommer voller Tische und Stühle, im Winter eine große Eislaufbahn: der Leidseplein

lage des Kaffeeanbaus in den französischen Kolonien bildete. Heute spaziert man im riesigen Tropengewächshaus durch 3 Klimazonen.

Koninklijk Paleis/ Königlicher Palast ➡ aC1/2
Nieuwezijds Vooburgwal 147
Tram 1/2/4/5/9/13/14/16/17/24/25: Dam
✆ (020) 620 40 60
www.koninklijkhuis.nl
Amsterdam ist auf modrigem Grund und auf unzähligen Pfählen erbaut. Allein der Königliche Palast thront auf 13 659 Stämmen – ein architektonisches Meisterwerk der Baumeister des 17. Jh. Der Entwurf für das klassizistische Gebäude stammt von Jacob van Campen. Fertiggestellt im Jahr 1655, diente es der Stadt zunächst als Rathaus, 1806 wurde es unter der französischen Besatzung von Napoleon zur Königlichen Residenz ernannt. Der Bau wird überragt von einem Kuppelturm mit Glockenspiel, die Fassade schmücken Pilaster und allegorische Darstellungen. Das Innere ist prunkvoll ausgestattet und wird für offizielle Empfänge und Staatsbesuche genutzt.

10 Leidseplein ➡ H6
Tram 1/2/5/7/10: Leidseplein
Einer der lebhaftesten Plätze Amsterdams. 1894 wurde hier der Bau der *Stadsschouwburg*, des Amsterdamer Stadttheaters, vollendet. Heute findet man hier zahlreiche Kinos, Kneipen und Theater, und in den Sommermonaten treten Straßenkünstler, Feuerschlucker, Gaukler und Musikanten auf. Die Kneipen stellen Tische und Stühle vor die Tür, und so sitzt man bis tief in die Nacht unter Bäumen beim Bier, unterhält sich und beobachtet das Menschengewimmel. In kalten Wintern fluten die Wirte den Platz zum Eislaufen.

7 Muziekgebouw aan't IJ ➡ D/E10
Piet Heinkade, 10 Fußminuten vom Bahnhof
Tram 25/26: Muziekgebouw/Bimhuis
✆ (020) 788 20 00
www.muziekgebouw.nl
www.bimhuis.nl
Mo–Sa 9–19 Uhr
Kasse Mo–Sa 12–18 Uhr
2005 wurde der spektakuläre gläserne Bau am Wasser eröffnet, inzwischen finden auch zahl-

Der Zoologische Garten mit seinen mehr als 8000 Tieren

Natura Artis Magistra/ Zoologischer Garten ➡ aF8
Plantage Kerklaan 38–40
Tram 9/14: Plantage Kerklaan
☎ 0900-278 47 96
www.artis.nl
Tägl. 9–17, im Sommer bis 18 Uhr
Eintritt € 19,50/15,95 (3–9 J.), Senioren € 17,95

Natura Artis Magistra besteht seit rund 170 Jahren und ist mit seinem Park, der als größter und schönster Garten Amsterdams gilt, und mit seinen mehr als 8000 Tieren einer der Lieblingsplätze der Amsterdamer.

reiche Musikfestivals hier statt. Besonders schön ist der Blick aus dem voll verglasten Restaurant **Zouthaven**, das tägl. 10.30–23 Uhr und an Konzertabenden bis 24 Uhr für alle Gäste geöffnet ist. Ein spezielles Erlebnis ist das »Pre-Concert Dinner« mit reserviertem Tisch am Wasser (an jedem Konzertabend für 18.30 Uhr zu buchen, ☎ 020-788 20 90).

Zum Muziekgebouw gehört auch das 🔷 **Bimhuis**, eine schwarze Kiste auf Pfählen mit Aussicht über die Amsterdamer Altstadt, in dem jährlich bei 250 Sessions und Konzerten Jazzgrößen auftreten. Auch hier gibt es ein Café mit Snacks und Getränken, die man mit ins Konzert nehmen kann – alles sehr relaxt.

Bei seiner Gründung 1838 war er der erste Tierpark Europas, heute ist er für Naturfreunde ein Paradies aus Zoo, Planetarium, Aquarium, naturwissenschaftlichen Museen und botanischen Gewächshäusern. Unter prächtigen alten Bäumen kann man Tiere aus der ganzen Welt bestaunen. Ganz besonders beeindruckt das Tag- und Nachthaus, in dem nachtaktive Tiere zu beobachten sind, und im **Aquarium** schwimmen und tauchen Bewohner aller Weltmeere.

Das **Geologische Museum** gibt Aufschluss über die Entstehungsgeschichte unseres Planeten, das **Zoologische Museum** verfügt

Innovatives Design im alten Hafen: das Muziekgebouw aan't IJ

Die »Pythonbrücke« windet sich von Borneo nach Sporenburg

über interessante Exponate aus der Welt der Tiere, und im **Planetarium** lernt man, was in den Sternen steht.

Nieuwe Kerk ➡ aC2
Nieuwezijds Voorburgwal 147
Tram 1/2/4/5/9/13/14/16/17/24/25: Dam
✆ (020) 626 81 68
www.nieuwekerk.nl
Ausstellungen tägl. 10–17 Uhr
Eintritt frei
Trotz ihres Namens gehört sie zu den ältesten Kirchen der Stadt; ihre Ursprünge gehen auf das 15. Jh. zurück. Nach mehreren Bränden entstand die jetzige Form der Basilika. Heute finden hier nicht nur Gottesdienste, sondern auch gesellschaftliche und kulturelle Veranstaltungen statt. In der niederländischen Verfassung ist keine kirchliche Königskrönung vorgesehen, aber in der Nieuwe Kerk erfolgt die symbolische Thronbesteigung der Monarchen, zuletzt erhielt Königin Beatrix am 30. April 1980 diese Huldigung. Im Kircheninneren fallen die bleiverglasten Fenster und die prächtigen Schnitzereien der hölzernen Kanzelgeländer auf.

❻ Osthafen ➡ D–F11–14
Tram 10: C. van Eesterenlaan
Amsterdams neue Architektur ist vor allem im alten Osthafen zu finden, wo auf den früheren Molen ein neues Wohn- und Flanierviertel entstanden ist. Alle baulichen Highlights auf den Inseln Java-Eiland, KNSM-Eiland, Sporenburg- und Borneo-Eiland sind in wenigen Minuten mit der Fähre oder der Tram 10 erreichbar.

The Whale (Der Wal) ➡ F14 hat bereits Kultstatus, nicht nur wegen seiner Außenhaut aus Zink, sondern auch weil sich die abgeschrägten Kanten des massigen Gebäudes nach dem Sonnenstand richten, sodass das Licht zu jeder Tageszeit tief in den Wohnblock und den zentralen, intimen Stadtgarten eindringen kann (Baron G. A. Tindaplein, Sporenburg).

Die **Pythonbrücke** ist ein knallrotes Kunstwerk, das sich wie eine Schlange windet und hoch in die Luft steigt. Die gebogenen Lichtmasten mit ihrem Tragwerk aus Aluminium sehen aus wie stilisierte Möwenköpfe im Wind (zwischen Sporenburg und Borneo-Eiland).

In der **Scheepstimmerman-straat** ➡ F14 entstanden auf der schmalen Landzunge 60 Unikate, Grachtenhäuser des 21. Jh. mit einheitlicher Bauhöhe, Haustür zur Straße und Privatgelände auf der Wasserseite. Sie sind nur mit dem Boot zu erreichen (Borneo-Eiland).

Hoop, Liefde en Fortuin (Hoffnung, Liebe und Glück) ➡ F13 hießen drei Sägemühlen an dieser Stelle, heute trägt ein Wohnkomplex diesen Namen, der mit seiner langen, schräg verlaufenden Front für Aufsehen sorgt. Dahinter verbergen sich 202 Mietwohnungen und 167 Eigentumswohnungen unterschiedlicher Größe für Familien, Alleinstehende und Menschen, die Wohnen und Arbeiten verbinden wollen (De Rietlanden).

Oude Kerk ➡ aB3
Oudekersplein 23
Tram 4/9/16/24/25: Dam
✆ (020) 625 82 84
www.oudekerk.nl
Mo–Sa 11–17, So 13–17 Uhr
Eintritt € 5/4

In der Stopera sind die Sängerportraits von Gemma van der Zee ausgestellt

Mitten im umstrittenen Rotlichtviertel und nur 8 Fußminuten vom Hauptbahnhof steht diese bereits 1306 geweihte Kirche. Der malerische Innenraum wird nur noch für Ausstellungen genutzt.

Stopera – Het Muziektheater
➡ aE/aF4
Amstel 3
Tram 9/14, Metro 51/53/54: Waterlooplein
☏ (020) 551 81 17
☏ (020) 625 54 55 (Reservierung)
www.hetmuziektheater.nl

Mo–Fr 12–18, Sa/So und in den Ferien 12–15 Uhr, Führungen jeden Sa 12 Uhr (Start am Haupteingang), unbedingt reservieren
Eintritt € 6, Kinder bis 12 J. frei
Stopera ist eine von den Amsterdamer Bürgern geprägte Wortschöpfung für *stadhuis* (Rathaus) und *opera* (Oper). 1986 fand die Eröffnung des neuen Musiktheaters statt. Die moderne Architektur des Bauwerks, das den halben Waterlooplein unter sich begraben hat, war in der Bevölkerung heftig umstritten.

Mehr als 136 Mio. Euro verschlang das von Cees Dam und Wilhelm Holzbauer gestaltete Projekt. Heute ist der Bau aus dem Kulturangebot nicht mehr wegzudenken. *De Nederlandse Opera* und *Het Nationale Ballet* sind hier zu Hause. Wenn internationale Stars der Opernbühne in Amsterdam auftreten, dann hier. 1600 Zuhörer haben im Konzertsaal Platz. Die Bühne ist 22 m breit und das Haus für seine gute Akustik berühmt.

In der Passage, die das Musiktheater mit dem Rathaus verbindet, findet man eine Kopie des **Normaal Amsterdam Peil** (NAP), der den Begriff der geeichten »Normalnull« veranschaulicht. Außerdem kann man auf einer 20 m langen Rekonstruktion des Landes die aktuelle Höhe des Wasserstands der Nordsee und den Flutpegel der Hochwasser-

katastrophe von 1953 ablesen. Das Restaurant **Theater** lädt zum Mittag- bzw. Abendessen ein (geöffnet an Veranstaltungstagen, Tischreservierung empfehlenswert, ☎ 020-625 54 55).

Vondelpark ➡ H–K3–5

Tram 3/12: 1e Constantijn Huygensstraat, Tram 1/2/5/7/10: Leidseplein (5 Fußminuten zum Park)
Der 1864 von reichen Bürgern gestiftete Park ist nach Joost van den Vondel, einem der bedeutendsten niederländischen Renaissancedichter des 17. Jh., benannt. Während der Hippie- und Blumenkinder-Zeit galt der Park als internationaler Treffpunkt: Bunte Scharen lagerten auf den Rasenflächen, eingehüllt in Cannabis-Wölkchen.

Noch heute ist die grüne Oase im Häusermeer ein beliebter Fluchtpunkt. Weitläufige Grün-

Grüne Oase mitten in der Stadt: der Vondelpark

flächen, schattige Baumgruppen und romantische kleine Seen bieten Erholung vom Großstadtalltag. Der Vondelpark – fast 50 ha groß, mit baumbestandenen Alleen und zahlreichen Spielplätzen – gehört zu den beliebtesten Freizeitarealen der Amsterdamer.

De Waag ➡ aC4
Nieuwmarkt 4
Metro 51/53/54: Nieuwmarkt
Auf dem Nieuwmarkt steht das Gebäude mit den 7 Türmen, das 1488 als St. Antoniustor der Stadtbefestigung gebaut wurde. In der Zeit von 1617 bis 1819 beherbergte es die Stadtwaage, in den Stockwerken darüber befanden sich die Zunft- und Gilderäume. Heute ist hier ein Restaurant-Café untergebracht (tägl. 9–16 und 17–22.30 Uhr, ✆ 020-422 77 72, www. indewaag.nl, €).

Die Turmspitze der Westerkerk

Westerkerk ➡ E6
Prinsengracht 281, Ecke Westermarkt
Tram 13/14/17: Westermarkt
✆ (020) 624 77 66
www.westerkerk.nl
Mo–Fr 10–17, Sa 11–15 Uhr
Der 85 m hohe Turm dieser prächtigen Renaissancekirche gilt als eines der Wahrzeichen Amsterdams. Hendrick de Keyser hatte das Gotteshaus entworfen, 1620 begannen die Bauarbeiten, und schon 11 Jahre später feierte die protestantische Glaubensgemeinde die Einweihung. Der Turm trägt das Wappen mit der Krone des katholischen Kaisers Maximilian von Österreich. Anlässlich einer Wallfahrt 1489 hat er es der Stadt verliehen.

In der Kirche wurde 1669 Rembrandt bestattet. Das niederländische Königspaar, Kronprinzessin Beatrix und der Deutsche Klaus von Amsberg, wurde 1966 in der Westerkerk getraut. Den Turm der Kirche, den Westertoren, kann man in den Sommermonaten besteigen. Von oben hat man einen herrlichen Blick über die Stadt, ganz besonders über das angrenzende Jordaanviertel. ■

Übernachten

Obwohl es in Amsterdam über 350 Hotels mit knapp 40 000 Betten gibt, ist es ein Kunststück ein bezahlbares und gutes Hotelzimmer zu finden. Wer nicht aufs Geld schauen muss, hat eine breite Auswahl an Top-Adressen, aber mit einem Budget unter 100 Euro pro Nacht kann man mit etwas Pech auch in richtig miesen Herbergen landen. Ohnehin reist man nach Amsterdam am besten mit wenig Gepäck, denn auch teurere Zimmer sind fast immer nur über extrem steile und schmale Treppen zu erreichen. Die historischen Grachtenhäuser sind nun einmal handtuchschmal, und Möbelstücke werden über den Flaschenzug an der Außenfassade durch die Fenster ins Innere gehievt. Nur die großen Luxushotels, die aus mehreren Grachtenhäusern bestehen, haben im Innern genügend Platz für nachträglich eingebaute Aufzüge. Und natürlich Hotelneubauten wie das Mövenpick am neuen Osthafen mit spektakulärem Blick über das Wasser.

Die folgenden Preiskategorien gelten pro Nacht für ein Doppelzimmer mit Frühstück:

€	–	unter 100 Euro
€€	–	100 bis 150 Euro
€€€	–	150 bis 200 Euro
€€€€	–	über 200 Euro

Eden Amsterdam American
➡ H6
Leidsekade 97
Tram 1/2/5/7/10: Leidseplein
℡ (020) 556 30 00
www.edenamsterdamamerican hotel.com
Das Nobelhotel im Art-déco-Stil liegt ideal am turbulenten Leidseplein, im Untergeschoss warten Fitnesscenter und Sauna. Das feine »Café Americain« ist ein beliebter Künstlertreff. €€€€

Hotel Pulitzer ➡ F6
Prinsengracht 315–331
Tram 13/14/17: Westermarkt
℡ (020) 523 52 35
www.starwoodhotels.com
Eine der absoluten Top-Adressen. Wer es sich leisten kann, wohnt hier in einem der 24 unterschiedlichen, aber immer stilvoll und luxuriös eingerichteten Grachtenhäuser aus dem 17. Jh. Herzstück des Hotelkomplexes ist der lichtdurchflutete Innenhof, das Restaurant war einst eine Apotheke. €€€€

Grand Hotel Krasnapolsky
➡ aC2
Dam 9
Tram 4/9/16/24/25: Dam
℡ (020) 554 91 11
www.nh-hotels.com
Die Fassade ist eher unauffällig, aber dahinter verbirgt sich eine große Hoteltradition (seit 1866) und 5-Sterne-Eleganz im Herzen der Stadt. Wunderschöner Wintergarten, erstklassige Restaurants.
€€€ im Sommer, €€€€ im Winter

Mövenpick Hotel Amsterdam City Centre ➡ E11
Piet Heinkade 11
Tram 25/26: Muziekgebouw/Bimhuis
℡ (020) 519 12 00
www.moevenpick-hotels.com
Nur einen Steinwurf vom verglasten Konzerthaus am Ufer des Osthafens im Oosterdok-Viertel befindet sich das Mövenpick Hotel mit 408 topmodernen Zimmern und einem atemberaubenden Blick aus großen Panoramafenstern über den Hafen und die Altstadt. Nicht weit vom Hauptbahnhof entfernt.
€€€–€€€€

Für sperriges Gepäck eher hinderlich: Grachtenhäuser sind schmal gebaut

Lloyd Hotel ➡ E13

Oostelijke Handelskade 34
Tram 10: C. van Eesterenlaan
℡ (020) 561 36 36
www.lloydhotel.com
Einst als Auswandererhotel gebaut, später Haftanstalt und Jugendgefängnis, bietet das Design-Hotel seinen Gästen 116 Zimmer, wahlweise von 1 bis zu 5 Sternen (€ 95–450). Für Künstler gibt es Übungsräume und Musikzimmer gratis, zwei große Lichthöfe reichen vom Souterrain bis zum Dach und überall im Haus finden sich historische Fragmente. Mo werden Kulturveranstaltungen geboten. €–€€€€

Blue Wave Houseboat ➡ G5

Genaue Adresse erfährt man erst nach der Buchung
℡ (020) 650 66 77 60
www.bluewavehouseboat.com
Am schönsten schläft man in Amsterdam im eigenen Hausboot, zum Beispiel auf diesem mit Enten vor der Türe und einer schwimmenden Terrasse im Grünen – zentral und trotzdem ruhig, in einer stillen Seitengracht gelegen. Alle Attraktionen in der Innenstadt sind von hier aus leicht zu Fuß zu erreichen, Lebensmittelläden und Markt sind um die Ecke. TV und Internetzugang. €€–€€€

The Albus ➡ G8

Vijzelstraat 49
Tram 9/14: Rembrandtplein
℡ (020) 530 62 00
www.albushotel.com
Das neue und supermoderne Cityhotel in Toplage am Grachtengürtel bietet beste Bettenqualität, großen Schreibtisch, Designmöbel, Kaffeemaschine, High-Speed-Internet und im Bad eine Regendusche. Für Familien gibt es schicke 3-Bett-Zimmer und Familiensuiten. €€–€€€

Schiller Hotel ➡ aF3
Rembrandtplein 26–36
Tram 9/14: Rembrandtplein
℡ (020) 554 07 00
www.nh-hotels.com
Das elegante, im Jahr 1912 errichtete Jugendstil-Hotel gilt mit seiner schönen Innenausstattung als Intellektuellentreff am berühmten Rembrandtplein im Zentrum der Stadt. €–€€€

Amsterdam Wiechmann Hotel ➡ F6
Prinsengracht 238–332
Tram 13/14/17: Westermarkt
℡ (020) 626 33 21
www.hotelwiechmann.nl
Genial an einer der schönsten Grachten gelegen, bietet das Hotel mit 37 Zimmern eine heimelige Atmosphäre mit Ritterrüstung und Kamin im Foyer, auch Bar, Lounge und Frühstücksraum sind eher antik ausgestattet, bei den Zimmern hat man die Wahl. Seit mehr als 50 Jahren in Familienbesitz. Kostenloses WiFi. €€

De Filosoof ➡ H4
Anna v. d. Vondelstraat 4–6
Tram 1: J.P. Heijestraat
℡ (020) 683 30 13
www.hotelfilosoof.nl
Das charaktervolle, originelle 3-Sterne-Haus der niederländischen Sandton-Kette liegt in einer stillen Gegend am Vondelpark, in Laufnähe zum Zentrum und zu den meisten Museen. Die 38 Zimmer sind luxuriös und in unterschiedlichen Farben eingerichtet (vor der Buchung unbedingt die Bildergalerie auf der Webseite ansehen), außerdem gibt es eine Bar, eine Bibliothek und einen großen, idyllischen Garten mit lauschigen Ecken. €€

Mauro Mansion ➡ aB4/5
Geldersekade 16
Tram 1/2/4/9/13/14/16/17/24/25/26, Metro 51/53/54: Centraal Station
www.mauromansion.com

Individuelles, privat geführtes Boutique-Hotel in einem Grachtenhaus aus dem 16. Jh., 5 Fußminuten vom Bahnhof entfernt in der Altstadt; die 9 Zimmer sind topmodern und gemütlich eingerichtet mit privatem Bad, IPod-Station und freiem WiFi. Frühstück inklusive. €€

Agora ➡ aF1
Singel 462
Tram 1/2/5: Koningsplein
℡ (020) 627 22 00
www.hotelagora.nl
Das kleine 2-Sterne-Hotel mit 16 Zimmern (darunter auch 3- und 4-Bett-Zimmer) ist in einem renovierten Grachtenhaus aus dem Jahr 1735 untergebracht und liegt zentral an der Singelgracht, quasi neben dem Blumenmarkt, von hier aus lässt sich die Stadt ideal zu Fuß entdecken. Je nach Preis gibt es Zimmer mit eigenem Bad oder mit Dusche und Bad auf der Etage, familiäre Atmosphäre. €–€€

Hotel Hegra ➡ F7
Herengracht 269
Tram 13/14/17: Westermarkt
℡ (020) 623 78 77
www.hotelhegra.nl
Kleines Familienhotel, zentrumsnah an einem der schönsten Kanäle gelegen. Von den elf Zimmern haben manche ein eigenes Bad, andere haben eine eigene Dusche und teilen das WC auf dem Flur mit anderen Gästen. Nichtraucherhotel, kleines Frühstücksbuffet. Man kann Fahrräder mieten und hoteleigene Boostouren auf den Kanälen unternehmen. Kostenloses WiFi. €–€€

Hotel Rembrandt ➡ aF7
Plantage Middenlaan 17
Tram 9/14: Plantage Kerklaan
℡ (020) 627 27 14
www.hotelrembrandt.nl
Zehn Fußminuten vom Rembrandtplein und fünf vom Floh-

Das Amsterdam Wiechmann Hotel mit heimeliger Atmosphäre

markt auf dem Waterlooplein entfernt bietet dieses familiär geführte Hotel 17 unterschiedlich ausgestattete Zimmer, alle mit Minibar, Kaffeemaschine und gratis WiFi. Es gibt wahlweise auch 3- und 4-Bett-Zimmer, und für 10 Euro extra kann man sich ein ganz bestimmtes Zimmer reservieren lassen wie beispielsweise das Rembrandt-Zimmer, ein Zimmer mit Balkon oder mit Blick in den Garten. €–€€

Aadam Wilhelmina ➜ K3
Koninginneweg 169
Tram 2/16: Valeriusplein
℡ (020) 662 54 67
www.hotel-aadam-wilhelmina.nl
Budget-Hotel am Ende des Vondelparks, einfache Zimmer mit Bad (auch 3- und 4-Bett-Zimmer), sehr enge, steile Treppen, kein Aufzug, gayfriendly. Straßenbahnstation in der Nähe. €

Prinsenhof Hotel ➜ H8
Prinsengracht 810
Tram 4/7/10/25: Frederiksplein
℡ (020) 623 17 72
www.hotelprinsenhof.com
Elf Zimmer in einem Kanalhaus aus dem 18. Jh., zwei davon mit privatem Bad, für alle anderen sind Bad und Dusche auf dem

Flur. Schmale, steile Treppen, das Gepäck wird mit dem elektrischen Flaschenzug »Captain Hook« nach oben gehievt. Die teureren Zimmer haben hohe Decken und offenliegende Balken, manche mit Blick auf den Kanal, kein TV, in allen Zimmern darf geraucht werden. € ■

Schlafen Sie gut!

Essen und Trinken
Restaurants, Cafés und Kneipen, Internetcafé

Die Amsterdamer bleiben nicht gern zu Hause. *Gezelligheid* ist ein Wort, das keine Übersetzung braucht. Jeder hat seine Stammkneipe. Man bestellt ein *Kopstoot*, ein *Borrel* oder ein *Hassebassie*, Bier, meistens mit einem Glas Genever. Man trifft sich auf dem Dam, trinkt eine *Vaas* auf dem Rembrandtplein, dem Leidseplein oder in den zahllosen Straßenlokalen entlang der malerischen Wasserwege. In den sogenannten *Proeflokalen* (Probierlokalen) wird zwar leider nicht kostenlos ausgeschenkt, aber das einzigartige Flair lohnt jeden Euro. Es macht Spaß im Grachtengürtel der Innenstadt zu bummeln, hier liegt fast eine Kneipe an der anderen.

Eine Wissenschaft für sich sind die Amsterdamer Cafés. Dabei ist das *Koffiehuis* unseren Cafés am ähnlichsten. Hier gibt es Kaffee und Kuchen, Frühstück und ein leichtes Mittagessen. Am Abend ist das *Koffiehuis* geschlossen. Dann geht man in die **Bruinen Cafés**. Sie sind eine typische Amsterdamer Erfindung mit viel Atmosphäre und gehören zu der Stadt wie Grachten und Giebel: enge, gemütliche Trinkstuben, vertäfelt mit dunklem Holz und in der Vergangenheit vom Nikotin golden – *bruin* – gefärbt.

In den letzten Jahren ist eine modernere Version entstanden, das **Grand Café**. Ohne Patina und ohne goldbraunes Interieur ist diese moderne Edelkneipe ein zeitgemässer Treffpunkt mit internationalem Ambiente, ein schönes Beispiel ist das Café-Restaurant Amsterdam im ehemaligen Maschinenhaus der Wasserwerke. Im sogenannten **Eetcafé** gibt es preiswerte, einfache Gerichte. Berühmt-berüchtigt sind dagegen die **Coffeeshops**, in denen es weniger um die braunen Bohnen geht als um den – in den Niederlanden legalen – Drogenkonsum. In den Coffeeshops trifft man sich, um ein Marihuana-Pfeifchen zu rauchen und Haschisch zu kaufen.

Die lokale Gastronomie ist geprägt von dem bunten und vielfältigen Völkergemisch der Stadt und ein Bummel durch die zahlreichen Fresstempel kommt einer **kulinarischen Weltreise** gleich. Dabei sorgt die koloniale Vergangenheit für Schwerpunkte, so gibt es zahllose »Surinams« und »Batavias«.

Straßencafé: »Gezelligheid« und Easy Going unter freiem Himmel

Die **Preiskategorien** beziehen sich auf ein Menü ohne Getränke:

€	–	unter 15 Euro
€€	–	15 bis 30 Euro
€€€	–	30 bis 45 Euro
€€€€	–	ab 45 Euro

R = Reservierung empfohlen

Restaurants

d'Vijff Vlieghen ➡ aE1
Spuistraat 294–302
Tram 1/2/5: Spui
℗ (020) 530 40 60
www.d-vijffvlieghen.nl
Tägl. 18–22 Uhr
Die fünf Fliegen sind eine lukullische Institution, die sich über fünf benachbarte Häuser aus dem Goldenen Zeitalter ausdehnt und im Jahr 1939 eröffnet wurde. Die Speisekarte ist ebenso edel wie das Dekor. Auch die Preise fallen in die Luxuskategorie. €€€€/R

Excelsior ➡ aF2
Nieuwe Doelenstraat 2–8, im Hotel de l'Europe
Tram 4/9/14/16/24/25: Muntplein
℗ (020) 531 17 05
www.leurope.nl
Tägl. 12.30–14.30 und 19–22.30 Uhr
Schickes und teures Restaurant im Hotel de l'Europe mit schöner Terrasse an der Amstel. Französische Küche, Wildspezialitäten und im dazugehörigen kleinen Restaurant »Le Relais« auch gern Kaviar. €€€€/R

Visaande Schelde ➡ südl. K7
Scheldeplein 4
Tram 12/25: Scheldestraat
℗ (020) 675 15 83
www.visaandeschelde.nl
Lunch Mo–Fr 12–14.30, Dinner tägl. 17.30–23 Uhr
Chefkoch Michiel Deenik serviert Meeresfrüchte de luxe – à la carte und als Menü zum Festpreis (3 Gänge € 45, 4 Gänge € 55, 5 Gänge € 65). Derzeit wohl das beste Fischrestaurant der Stadt. €€€–€€€€/R

Casa di David ➡ G7
Singel 426
Tram 1/2/5: Koningsplein
℗ (020) 624 50 93
www.casadidavid.com
Tägl. 17–23 Uhr
Es soll die beste Pizzeria von Amsterdam sein, gemischt wird Traditionelles mit Modernem, Italien mit Amsterdamer Jugendstil. €€€

Kantjil & de Tijger ➡ aE1
Spuistraat 291–293
Tram 1/2/5: Spui
℗ (020) 620 09 94, www.kantjil.nl
Tägl. 12–23 Uhr
Eines der besten indonesischen Restaurants des Landes. Freundliche Bedienung und eine gute Adresse um die »Rijstafel« zu probieren. €€€

Lucius Visrestaurant ➡ aD1
Spuistraat 247
Tram 1/2/5: Spui
℗ (020) 624 18 31, www.lucius.nl
Tägl. 17–24 Uhr
Gehört zu den besten Fischrestaurants der Stadt. €€€/R

Café Restaurant Amsterdam
➡ C4
Watertorenplein 6
Tram 10: Van Hallstraat
℗ (020) 682 26 66, www.cradam.nl
Tägl. 10.30–24, Fr/Sa bis 1 Uhr
Von einfach bis nobel reicht die Speisekarte des großen Restaurants, das sich im ehemaligen Maschinenhaus der Amsterdamer Wasserwerke befindet. Stylisches Industriedesign, 270 Plätze. €€–€€€

Albatros ➡ E6
Westerstraat 264
Tram 3/10: Marnixplein
℗ (020) 627 99 32
Tägl. außer So 18–23 Uhr

Feines Fischlokal mit freundlicher Bedienung, im Herzen des Jordaans. Auch Fleisch und Vegetarisches. €€

Café Americain ➜ H6
Leidsekade 97
Tram 1/2/5/7/10: Leidseplein
℡ (020) 556 32 32, www.edenams terdamamericanhotel.com
Tägl. 6.30–24 Uhr
Jugendstilcafé mit Mittags- und Abendbuffet. Mata Hari hatte hier einst ihren Hochzeitsempfang. €€

Haesje Claes ➜ aD1
Spuistraat 273–275
Tram 1/2/5: Spui
℡ (020) 624 99 98
www.haesjeclaes.nl
Tägl. 12–22 Uhr
Holländische Küche, Spezialität sind Fischgerichte. Gemütliche Einrichtung und faire Preise. €€/R

Sluizer ➜ H8
Utrechtsestraat 41–45
Tram 9/14: Rembrandtplein
℡ (020) 622 63 76
www.sluizer.nl
Mo–Fr 17–23 Uhr
Gemütliches Art-déco-Lokal mit großer Auswahl an Fischgerichten. €€

De Blauwe Hollander ➜ H6
Leidsekruisstraat 28
Tram 1/2/5/7/10: Leidseplein
℡ (020) 627 05 21
www.deblauwehollander.nl
Tägl. 12–23 Uhr
Deftige Hausmannskost im coolen Trend-Design, ein wunderbares Lokal zum Verschnaufen nach einem langen Tag auf dem Asphalt. Und sollte es mal regnen, so sorgen die dicken Erbsen mit Schinkenspeck und Zwiebeln für Sonne im Magen. €–€€

Envy ➜ F6
Prinsengracht 381
Tram 13/14/17: Westermarkt
℡ (020) 344 64 07, www.envy.nl
Tägl. 18–1 (Küche bis 23), Fr–So auch 12–15 Uhr
Die Portionen in der handtuchschmalen Delikatessen-Bar sind klein und köstlich und immer gibt es dazu ein Glas vom passenden Wein. Die Einrichtung ist minimalistisch, aber perfekt, die Atmosphäre entspannt. Schon ab 19 Uhr gibt es kaum noch freie Plätze. €–€€

Puri Mas ➜ H6
Lange Leidsedwarsstraat 37–41
Tram 1/2/5/7/10: Leidseplein
℡ (020) 627 76 27, www.purimas.nl
Tägl. 17.30–23 Uhr
Fünf Gehminuten vom Leidseplein wird im Restaurant im 1. Stock die opulente indonesische Reistafel zu günstigen Preisen serviert – wahlweise auch vegetarisch. €–€€

Sama Sebo ➜ H6
P.C. Hooftstraat 27
Tram 2/5: Hobbemastraat
℡ (020) 662 81 46
www.samasebo.nl
Tägl. außer So 12–15 und 17–22 Uhr
Beste indonesische Küche in einem der ältesten Restaurants der Stadt. Spezialität ist die Reistafel mit so vielen köstlichen Fleisch- und Gemüsebeigaben, dass auf dem Tisch kaum noch Platz zum Essen bleibt. €–€€/R

Vyne ➜ F6
Prinsengracht 411
Tram 13/14/17: Westermarkt
℡ (020) 344 64 08, www.vyne.nl
Mo–Do 18–0, Fr/Sa 17–1 (Küche jeweils bis 23), So 16–22 Uhr
Hier steht der Wein im Mittelpunkt und zu jedem Glas werden passende Häppchen gereicht. Der Raum ist optisch zweigeteilt: Die Bibliothek der Weine in coolem Stahldesign, die Gäste am langen Eichenholztisch in gemütlichem Weinfass-Ambiente. Nicht zufällig ist der Name ein Anagramm

von Envy – Vyne ist ein Schwesterbetrieb. Alle Weine sind auch im Internet zu bestellen. €–€€

Wagamama ➡ H6
Max Euweplein 10
Tram 1/2/5/7/10: Leidseplein
℡ (020) 205 28 77 78
www.wagamama.nl
So–Do 12–22, Fr/Sa 12–23 Uhr
Fast so schön wie das Stammhaus in London: Im großen, hellen, mensaähnlichen Raum gibt es an langen Tischen beste asiatische Küche – darunter auch japanische Nudelsuppen wie Soba, Udon und Ramen – mit freundlicher Bedienung und zu freundlichen Preisen. €–€€

Zouthaven Restaurant ➡ D/E10
Im Muziekgebouw aan 't IJ
Piet Heinkade 1
Tram 25/26: Muziekgebouw/Bimhuis
℡ (020) 788 20 90
www.zouthaven.nl
Tägl. 10.30–23, an Konzertabenden bis 24 Uhr
15 Fußminuten vom Hauptbahnhof liegt das futuristische Konzerthaus auf dem Wasser der IJ. Früher war im Erdgeschoss das Café Star Ferry« untergebracht, inzwischen hat stattdessen ein Fischrestaurant eröffnet und bietet auf der großen hölzernen Terrasse den schönsten Blick über Wasser und Hafen. Serviert wird ausschließlich Biologisches zu fairen Preisen: Lunch für € 12,50, Dinner für € 30. €–€€

Culinaire Werkplaats ➡ C5
Fannius Scholtenstraat 10
Tram 10: Van Limburg-Stirumstraat
℡ 065 464 65 76
www.deculinairewerkplaats.nl
Fr/Sa 18.30–22 Uhr
»Give peas a chance« möchte man den John-Lennon-Song umdichten – auf den Tisch kommen neben Erbsen auch jede Menge andere Gemüsesorten in völlig

neuer Umgebung. Die Gründer des Werkstatt-Restaurants, Marjolein Wintjes und Eric Meursing, verstehen die Komposition von Mahlzeiten analog zur Mode und bieten ständig wechselnde Kreationen. Manche Klassiker werden auch »dekonstruiert« serviert. So wird aus dem guten alten Apfelkuchen eine Apfelsuppe mit Champagner-Eiswürfeln und Zuckerkruste. Die Gäste zahlen nach Gusto das, was ihnen das Erlebnis wert ist.

Cafés und Kneipen

Alverna ➡ F5
Bilderdijkstraat 104
Tram 3/12/13/14: De Clercqstraat
℡ (020) 612 44 55
www.cafealverna.nl
Mo–Sa 9–1, So 10–1 Uhr

Kiffer können durchatmen
Erst sollten die Coffeeshops in geschlossene Clubs umgewandelt werden, doch inzwischen ist alles wieder wie gehabt an der Cannabis-Front. Damit das Geschäft nicht in einen Schwarzmarkt entartet, können Touristen auch weiterhin (maximal 5 Gramm) Hasch und Haschkekse kaufen. Wohlgemerkt im Coffeeshop, nicht im Café.

Auf der riesigen Terrasse kann man das Amsterdamer Leben beobachten.

Café de Jaren ➜ aE3
Nieuwe Doelenstraat 20–22
Tram 4/9/14/16/24/25: Muntplein
✆ (020) 625 57 71
www.cafedejaren.nl
Tägl. 9.30–1, Fr/Sa bis 2 Uhr
Fantastischer Blick von der Terrasse auf die Amstel. Die kleine Tageskarte bietet Fusion-Küche, die Salate sind eine Wucht, die Atmosphäre ist hell und luftig.

Café Hoppe ➜ aE1
Spui 18–20, Tram 1/2/5: Spui
✆ (020) 420 44 20
www.cafehoppe.com
Tägl. 8–1, Fr/Sa bis 2 Uhr
Eine Institution aus dem Jahr 1670 und eines der berühmtesten Amsterdamer Bruine Cafés. Das Stehcafé ist so beliebt, dass man abends oft kaum Platz findet. Bei gutem Wetter stehen die Gäste auf dem Bürgersteig. Touristen vermuten oft einen Menschenauflauf oder einen Unfall.

Café Luxembourg ➜ aE1
Spui 24, Tram 1/2/5: Spui
✆ (020) 620 62 64
www.luxembourg.nl
Mo–Fr 8–1, Sa/So 9–2 Uhr

Ein Hauch von Paris am Spui. Eleganter, schicker Yuppie-Treff, die Kellner in ihren knöchellangen Outfits schweben fast ohne Bodenkontakt zwischen den Gästen umher.

Café Papeneiland ➜ D7
Prinsengracht 2
Tram 3: Nieuwe Willemsstraat
✆ (020) 624 19 89
So–Do 10–1, Fr/Sa 11–2 Uhr
Dieses Haus mit den 2 herrlichen Treppengiebeln am Rande des Jordaan, stammt aus dem Jahre 1642. Es heißt, dass hier anfangs ein Sargmacher als Nebenverdienst Alkohol verkaufte.

✿ Café 't Mandje ➜ aB4
Zeedijk 63
Tram 1/2/4/9/13/14/16/17/24/25/26, Metro 51/53/54: Centraal Station
✆ (020) 622 53 75
www.cafetmandje.nl
Di–Do 17–1, Fr 16–3, Sa 15–3, So 15–1 Uhr
Einst war das Café am Zeedijk der erste Lesben- und Schwulentreff der Stadt, angeblich sogar weltweit. Als die legendäre Gründerin Bet van Beeren 1967 starb, wurde sie 2 Tage auf dem Billardtisch aufgebahrt. Ihre Schwester Greet führte das Café weiter bis es 1983 geschlossen wurde. Die

Café de Jaren: Fusion-Küche mit Blick auf die Amstel

Bar wurde im Historischen Museum ausgestellt. 2010 wurde das Mandje in seinem alten Zustand wiedereröffnet – und wirkt wie eine vergnügliche Zeitmaschine: Amsterdam im Jahr 1927.

De Drie Fleschjes ➡ aB2
Gravenstraat 18
Tram 2/4/5/9/13/14/16/17/24/25: Dam
✆ (020) 624 84 43
Mo–Sa 14–20.30, So 15–19 Uhr
Seit der Eröffnung im Jahr 1650 hat sich hier nicht viel verändert – außer vielleicht, dass 1816 Heindrik Bootz die kleine Probierstube übernommen hat. 52 Holzfässer sichern den Nachschub.

Grand Café l'Opéra ➡ aF3
Rembrandtplein 27–29
Tram 9/14: Rembrandtplein
✆ (020) 620 47 54, www.l-opera.nl
Tägl. 10–1 Uhr
Prachtvolles Interieur, von der Terrasse bietet sich ein erstklassiger Blick auf das Getümmel am Rembrandtplein.

Eetcafé van Beeren ➡ aC4/5
Koningsstraat 15
Metro 51/53/54: Nieuwmarkt
✆ (020) 622 23 29
www.eetcafevanbeeren.nl
Tägl. 17–1, Fr/Sa bis 3 Uhr
Ein typisches Eetcafé mit holländischer Küche zu günstigen Preisen. Köstliche hausgemachte Schokosauce.

Mulligan's ➡ aF3
Amstel 100
Tram 9/14: Rembrandtplein
✆ (020) 622 13 30
www.mulligans.nl
Tägl. 16–1, Sa/So bis 3 Uhr
Amsterdam hat viele irische Kneipen, aber nur ein Mulligan's. Hier gibt es das beste Pint of Guiness jenseits der grünen Insel, die originellsten Gäste und die besten Barkeeper. Außerdem ist das Mulligan's eine OBCZ (Official

Book Crossing Zone) mit Gratisbüchern. Oft Mi und immer So mit irischer Livemusik.

Pancake Bakery ➡ E7
Prinsengracht 191
Tram 13/14/17: Westermarkt
✆ (020) 625 13 33
www.pancake.nl
Tägl. 12–21.30 Uhr
Ein Pfannkuchenparadies mit Tradition. In dem ehemaligen Lagerhaus der Niederländischen Westindien-Kompanie werden mehr als 75 Sorten Pfannkuchen und Omeletts serviert; ob süß oder herzhaft, mit Äpfeln oder mit Lachs. Kalorien zählen ist sinnlos. Kinder lieben den Krug mit Ahornsirup, der auf jedem Tisch steht.

Puccini ➡ aE4
Staalstraat 17
Tram 9/14, Metro 51/53/54: Waterlooplein
✆ (020) 626 54 74
www.puccinibomboni.com
Mo–Fr 8.30–18, Sa/So 10–18 Uhr
Berühmt für Amsterdams handgemachte Schoko-Patisserien, Kuchen und Pralinen, Tische auch im Freien.

Internetcafé

The Internet Café ➡ aA3
Martelaarsgracht 11
Tram 1/2/5/13/17: Martelaarsgracht
www.internetcafe.nl
So–Do 9–13, Fr/Sa 9–15 Uhr
Das Internetcafé ist nur 100 m vom Hauptbahnhof entfernt. Eine halbe Stunde Surfen kostet € 1, dazu gibt es den ersten Drink gratis; gegen Aufpreis kann man Dokumente ausdrucken oder scannen und natürlich gibt es einen WLAN-Hotspot für Besucher mit eigenem Laptop. Neben Softdrinks werden frisch gezapftes Bier, französischer Weißwein und italienischer Espresso serviert. ◼

Nightlife
Bars, Jazzclubs, Clubs und Diskotheken

An Sommerwochenenden ist Amsterdam die Stadt, die niemals schläft. Zumindest im Zentrum ist die ganze Nacht Betrieb, die Straßencafés sind bis auf den letzten Platz besetzt, Leidseplein und Rembrandtplein sind ohnehin proppevoll. Nachtclubs und Discos verlangen Eintritt, meistens um die € 10, am Wochenende und bei Livemusik sind die Preise höher. Die Amsterdamer Clubszene ist (im Gegensatz zu jener in Den Haag) ziemlich entspannt und auch die Türsteher machen nur selten ein Problem. Allerdings muss man am Wochenende Wartezeit einplanen. Dresscode gibt es keinen, die meisten Gäste sind auch so schon verrückt genug. Die Einheimischen treffen sich gerne vorab zu den beliebten Tapenade-Happen (Olivendipp zum selbstgebackenen Brot) als Grundlage für eine lange Nacht.

Bars

De Koe ➡ G6
Marnixstraat 381
Tram 7/10: Raamplein
℡ (020) 625 44 82
www.cafedekoe.nl
Tägl. 16–1, Fr/Sa bis 3, Küche 17.30–22.30 Uhr
Fröhliches Chaos mit Dart und Spielkarten, dazu elf Biersorten aus der Flasche, vom belgischen Vedett über Kriek Boon und Duvel bis zum Westmalle Dubbel, alle vorschriftsmäßig gekühlt. Nie gehört? Dann nix wie hin! Essen kann man auch, ein Stock tiefer von 17.30 bis 22.30 Uhr.

Das Event-Lokal »Supper Club Bar«

Freddy's Bar ➡ aF2
Hotel de l'Europe, Nieuwe Doelenstraat 2–14
Tram 9/14: Rembrandtplein
℡ (020) 531 17 07
www.leurope.nl/freddys-bar
Tägl. 15–1 Uhr
Eine noble Adresse in der Tradition der braunen Cafés: Klaviermusik, Lederpolster, sanftes Licht, perfekte Barkeeper. Benannt ist die Bar nach dem berühmten Bierbrauer Freddy Heineken, der hier als Stammgast gute Freunde und Geschäftspartner traf.

Supper Club Bar ➡ aD1
Jonge Roelensteg 21
Tram 1/2/5/13/14/17: Dam
℡ (020) 344 64 00
www.supperclub.com
So–Do 19–1, Fr/Sa 19–3 Uhr
In diesem Eventlokal mit angeschlossener Bar weiß kein Gast, was in den nächsten Stunden geschieht. Der Aperitif wird womöglich in der Nuckelflasche serviert und der Hummer im Hundenapf. Man speist im Liegen, Möbel und Dekor sind schneeweiß. Nach diversen Snacks und Liveacts der Künstler-Kellner ziehen alle in den Keller um, wo das Fest im blutroten »Rode Zaal« mit Bar weitergeht. Am Wochenende sorgen DJs für Musik.

Twenty Third Bar ➡ südl. K7
Okura Hotel, Ferdinand Bolstraat 333
Tram 12/25: Cornelis Troostplein
℃ (020) 678 71 11, www.okura.nl
Tägl. 18–1 Uhr
Die Bar im 23. Stock des Hotels Okura wurde zur besten Cocktailbar der Niederlande gewählt; prickelnder als der Champagner, den man hier glasweise bestellen kann, ist nur der Panoramablick über Amsterdam. Die begleitenden Häppchen wie Pata Negra oder Austern kommen aus dem Ciel Bleu Restaurant nebenan (2 Sterne im Michelin). Sommelier Noel Vanwittenberg und Barmanager Marc Wüst freuen sich auch über Gäste, die nicht im Haus wohnen.

Wynand Fockink ➡ aC2
Pijlsteeg 31, Tram 4/9/16/24/25: Dam
℃ (020) 639 26 95
www.wynand-fockink.nl
Tägl. 15–21 Uhr
Die historische Trinkstube stammt aus dem Jahr 1679, der Namensgeber war ein berühmter holländischer Spirituosenhersteller, der hier seine Probierstube, sein *Proeflokaal*, für die Produkte seiner Brennerei hatte. Spezialitäten sind Liköre und Genever, besonders die Hauskreationen wie *Half en Half* und *Boswandeling* (Waldspaziergang), die Fockink weltberühmt machten. Der Genever wird auch heute noch auf spezielle Weise getrunken: Der Gast muss sich zum vollen (kleinen) Glas beugen und den ersten Schluck ohne Hilfe der Hände schlürfen.

Man kann Touren durch die Destillerie buchen und in Workshops den eigenen *Likeur maken*.

Jazzclubs

✦ **Bimhuis** ➡ D/E10
Piet Heinkade 3
Tram 25/26: Muziekgebouw/Bimhuis

Eine schwarze Kiste auf Pfählen: das Bimhuis bietet besten Jazz

℃ (020) 788 21 88
Tischreservierung Restaurant
℃ (020) 788 21 58, www.bimhuis.nl
Tägl. 18.30–1, Fr/Sa bis 3 Uhr
Eintritt ab € 14
Das spektakuläre neue Gebäude – eigentlich eine schwarze Kiste auf Pfählen, die aus dem Muziekgebouw herausragt – bietet einen Top-Blick über die Amsterdamer Altstadt und das Binnengewässer 't Ij. Jazzgrößen wie Fred Frith & The Arte Saxophone Quartet, Chris Potters Underground und das Matt Darriau Paradox Trio treten hier auf.

Das Bimhuis hat auch ein eigenes **Restaurant**, in dem man vorzüglich speisen kann, beispielsweise Loup de mer mit Fenchel; geöffnet ab 18.30 Uhr, an Konzerttagen kommt man nur mit Ticket hinein. Schon die sagenhafte Aussicht lohnt den Besuch.

Jazz Café Alto ➡ H6
Korte Leidsedwarsstraat 115
Tram 1/2/5/7/10: Leidseplein
℃ (020) 626 32 49
www.jazz-cafe-alto.nl
Tägl. 21–3, Sa/So bis 4 Uhr
Livemusik, Jazz und Blues für ein breites Publikum. Jeden Mi Abend legt der bekannteste Jazz-

In einer ehemaligen Kirche untergebracht: das Paradiso

saxofonist der Niederlande, Hans Dulfer, mit seiner Band einen hinreißenden Auftritt hin.

Maloe Melo ➡ F5/6

Lijnbaansgracht 163
Tram 7/10/17: Elandsgracht
☏ (020) 420 45 92
www.maloemelo.com
Tägl. 21–3, Sa/So bis 4 Uhr
Amsterdams »Home of the Blues«. Hierher kommen auch oft die großen Künstler nach ihren Auftritten in der Stadt.

Clubs und Diskotheken

Barkode ➡ aF4

Wagenstraat 3–7
Tram 9/14: Rembrandtplein, Waterlooplein
☏ (020) 620 13 75
Di und Do 23–4, Fr/Sa 23–5 Uhr
Der Club ist wie eine private Wohnung strukturiert. Statt Schlafzimmer gibts eine coole Bar in Rot.

Dansen bij Jansen ➡ aE1

Handboogstraat 11
Tram 1/2/5: Spui
☏ (020) 620 17 79
www.dansenbijjansen.nl
So–Do 22–4, Fr/Sa 22–5 Uhr
Allgemein beliebter Studentenclub mit Disco, Pop und House.

Escape ➡ aF3

Rembrandtplein 11–15
Tram 9/14: Rembrandtplein
☏ (020) 622 11 11
www.escape.nl
Do 23–4, Fr/Sa 23–5, So 23–4.30 Uhr
Eine der ersten Clubbing-Adressen der Stadt mit Restaurant und Lounge. Von Donnerstag bis Sonntag gibt's Dinner im Escape Caffe und Dancing im Club für € 40. Sie müssen unbedingt vorher reservieren.

Jimmy Woo ➡ G6

Korte Leidsedwarsstraat 18
Tram 1/2/5/7/10: Leidseplein
☏ (020) 626 31 50
www.jimmywoo.com
Do 23–3, Fr–So 23–4 Uhr
Angesagter Club mit schicker Einrichtung und ebensolchem Publikum. International bekannte DJs legen auf.

Odeon Theater ➡ aF1

Singel 460
Tram 1/2/5: Koningsplein
☏ (020) 521 85 55
www.odeontheater.nl
Tägl. 11–1, Fr/Sa 23–5 Uhr
In dem historischen Bau war im 17. Jh. eine Brauerei, heute gibt es in edlem Ambiente auf drei Stockwerken alles vom Café bis zum angesagten Club.

Panama ➡ E13
Oostelijke Handelskade 4
Tram 10/26: Rietlandpark
✆ (020) 311 86 86
www.panama.nl
Disco Mi–So ab 23 Uhr
Das ehemalige Hafenkraftwerk
von 1899 sollte ursprünglich abge-
rissen werden und ist heute eine
der besten Nightlife-Adressen der
Stadt mit Restaurant, Champag-
nerbar und gigantischem Dance-
floor in Rot und Gold. Top-DJs
und Special Events für ein hippes
Publikum zwischen 30 und 40,
das sich nach dem Motto »Dress
to Impress« durch die Nacht tanzt.
Das angeschlossene spanische Restaurant »Mercat« ist tägl. 10–1, Fr/
Sa bis 2 Uhr geöffnet (www.mer
cat.nl).

Paradiso ➡ H6
Weteringschans 6–8
Tram 1/2/5/7/10: Leidseplein, Tram
7/10/16: Spiegelgracht
✆ (020) 626 45 21, www.paradiso.nl
Tägl. ab 18 Mo bis 2, Di bis 3, Mi
und So bis 4, Do–Sa bis 5 Uhr
Die berühmteste Popmusikbühne
der Niederlande in einer ehemaligen Kirche am Leidseplein bietet
ein internationales Programm
von Rock bis Reggae. Die Tanz-
abende am Mi/Do sind beliebt,
am Wochenende ist Hip-Hop bis

House angesagt. Außerdem gibt
es Theater, modernen Tanz, klassische Musik und Lesungen, Festivals und Filmpremieren.

Studio 80 ➡ aF3
Rembrandtplein 17
Tram 9/14: Rembrandtplein
www.studio-80.nl
Mi/Do 23–4, Fr/Sa 23–5 Uhr
Eintritt vor 0 Uhr frei, danach € 6
Einer der guten Underground-
Clubs der Stadt, cool, innovativ,
experimentell und immer mit
dem neuesten Sound.

The Sugar Factory ➡ G6
Lijnbaansgracht 238 (gegenüber
Melkweg)
Tram 7/10: Raamplein
✆ (020) 627 00 08
www.sugarfactory.nl
Di, So 21–4, Fr/Sa bis 5 Uhr
Nicht nur Disco, sondern auch
Theater; Sa Jazz.

Werck Restaurant & Bar ➡ E6
Prinsengracht 277
Tram 13/14/17: Westermarkt
✆ (020) 627 40 79, www.werck.nl
Tägl. 12–1, Fr/Sa bis 3 Uhr
In eher legerem Ambiente kann
man mitten im Jordaanviertel
draußen essen und Fr sowie Sa
nachts bei Livemusik drinnen
tanzen. ■

Kultur und Unterhaltung

Amsterdam war schon immer ein Mekka für alternative Lebensmodelle und gesellschaftliche Freiräume, hier gab es noch nie Berührungsängste mit anderen Kulturen und keine Dogmendebatte zur Förderungswürdigkeit der Kunst – eine Atmosphäre, die den besten Nährboden bietet für jede Art von Kunst und Kultur. Nirgendwo sonst in Europa gibt es auf so kleinem Raum so eine Fülle unterschiedlichster Kunstprojekte, vom spektakulären Regietheater an der Opernbühne bis zur Transformation eines vormals industriellen Geländes in eine moderne und nachhaltige urbane Landschaft, die sich zum Herz der Subkultur entwickelt wie die NDSM-Werft am Nordufer des Ij-Flusses. Kultur – ob mainstream oder alternativ – wird in Amsterdam riesengroß geschrieben, und so hat man jeden Abend die Qual der Wahl zwischen etwa 40 Konzerten, Opern- und Theatervorstellungen, ob klassisch, modern, schrill, experimentell oder konventionell.

Die Zeitungen *Uitgaan* und *Uitkrant* veröffentlichen u. a. das aktuelle Theaterprogramm, das man auch in den Donnerstagsausgaben der Tageszeitungen findet.

Theater- und Konzertkarten gibt es in den jeweiligen Aufführungshäusern und im Uit Bureau (AUB) ➜ H6 (Leidseplein 26, Tram 1/2/5/7/10 Leidseplein, tägl. 10–17 Uhr) oder online auf der Website des AUB: www.aub.nl.

Boom Chicago ➜ G/H6
Leidseplein Theater
Leidseplein 12
Tram 1/2/5/7/10: Leidseplein
℡ (020) 217 04 00
℡ 0900-266 62 44 (Tickets)
www.boomchicago.nl
Das Bier wird in großen Krügen serviert, man sitzt an langen Tischen und amüsiert sich köstlich über die Show der amerikanischen Comedy-Truppe, die Amsterdams Politiker und die aktuellen Probleme der Stadt satirisch aufs Korn nimmt – alles in Englisch. Auf der Webite findet sich das aktuelle Programm.

Concertgebouw
Vgl. Vista Points, S. 35.

De Melkweg ➜ G6
Lijnbaansgracht 234
Tram 7/10: Raamplein
℡ (020) 531 81 81
www.melkweg.nl
Die einstige Molkerei war in den 1970er Jahren eine Hochburg der Alternativen und der Frauenbewegung, heute ist sie eine Galerie und Top-Adresse für Tanz, Theater, Filme, Varieté, Konzerte und Partys. Tickets gibt es online und an der Abendkasse.

➐ EYE Film Institut ➜ C9
Ijpromenade 1
Gratisfähre vom Hauptbahnhof zur Station Buiksloterweg
℡ (020) 589 14 00
www.eyefilm.nl
Ausstellung tägl. 11–18 Uhr, Eintritt frei
Shop tägl. 11–19 Uhr
Ticket Office für Kinos tägl. 10–22, Fr/Sa bis 23 Uhr
Das neue Filminstitut, das wie eine weiße Origami-Skulptur gegenüber vom Hauptbahnhof an der IJ liegt, wurde 2012 eröffnet. Auch wer nicht ins Kino gehen will, sollte den berauschenden Blick durch die Glasfront über Wasser und Altstadt erleben: So schön kann öffentlicher Raum sein.

Felix Meritis ➡ F6
Keizersgracht 324
Tram 13/14/17: Westermarkt,
Tram 7/10/17: Elandsgracht
☎ (020) 626 23 21
www.felix.meritis.nl
In der prächtigen klassizistischen Villa von 1787 veranstaltet das European Centre for Arts and Sciences Konzerte, Theaterabende, Multimedia-Vorführungen und Lesungen. Tickets kann man online oder 90 Min. vor der Vorstellung an der Abendkasse erwerben.

Het Muziektheater (Stopera)
Vgl. Vista Points, S. 41 f.

Koninklijk Theater Carré ➡ H9
Amstel 115–125
Tram 7/10, Metro 51/53/54: Weesperplein
☎ (020) 524 94 94
www.theatercarre.nl
Vorverkauf tägl. 10–20 Uhr
Berühmte Musicals, große Revuen, Shows und Kabarett. Beeindruckend sind die malerischen Bühnenbilder und prachtvollen Kostüme.

Muziekgebouw aan't IJ ➡ D/E10
Piet Heinkade 1
Tram 25/26: Muziekgebouw/Bimhuis
☎ (020) 788 20 00 (Tickets)
www.muziekgebouw.nl
Ticketkasse Mo–Sa 12–18 Uhr
Im Jahr 2005 wurde der spektakuläre gläserne Bau am Wasser eröffnet, hier finden Gastspiele, Konzerte und Musikfestivals statt. Im angeschlossenen Bimhuis spielen Jazzgrößen.

✻ **Pathé Tuschinski** ➡ aF2/3
Regulierbreestraat 26–34
Tram 9/14: Rembrandtplein
☎ 09 00-14 58
www.pathe.nl
Das schönste Kino im ganzen Land. Der Lichtspielpalast mit seinem einzigartigen Art-déco-

Felix Meritis: Konzerte und Multimedia hinter eleganter Fassade

Design wurde Anfang des 20. Jh. vom jüdischen Kaufmann Abraham Tuschinski erbaut.

Stadsschouwburg/Stadttheater
➡ H6
Leidseplein 26
Tram 1/2/5/7/10: Leidseplein
☎ (020) 624 23 11 (Tickets)
www.ssba.nl
Bekanntes und beliebtes Amsterdamer Theater mit berühmten, internationalen Produktionen. Das Innere des Neorenaissancebaus prunkt mit Marmor und Gold und ist auf jeden Fall einen Besuch wert. ■

Shopping
Einkaufsstraßen, Kaufhäuser, Kulinarisches, Märkte, Diamanten

Wer mit dem Flieger gekommen ist, muss sich beim Einkaufen leider zurückhalten, da ist das Auto die bessere Wahl und bietet Platz für seltene Antiquitäten, ausgefallene Schuhe, originelle Lampen, köstliche Schokoladenspezialitäten und alles wofür Amsterdam sonst noch berühmt ist. Immerhin, ein typisches Souvenir gibt es, das auch Flugreisenden keine Gewichtsprobleme macht, selbst wenn man gleich mehrere mitnimmt – die Diamanten!

Witziges Design für die eigenen vier Wände gibt es in den vielen kleinen Läden im Zentrum, aber auch etwas außerhalb in der Villa Arena im Südosten der Stadt neben der Arena. In diesem Einkaufszentrum gibt es nur Läden, die sich auf Wohnen und Einrichtung spezialisiert haben. Schöne Lampen findet man auch auf dem Flohmarkt am Waterlooplein.

Wenn es Holzschuhe, Tulpenknollen oder Keramikandenken wie Windmühlen oder Milchmädchen sein sollen – die meisten Souvenirläden findet man auf dem Nieuwendijk und auf dem Weg zum Dam. Schöne und ausgefallene Mitbringsel verkaufen die Museumsshops.

Generell sind die Geschäfte jeden Tag von 10 bis 18 Uhr geöffnet, nur montags machen sie erst um 12 Uhr mittags auf. Donnerstags ist langer Einkaufstag bis 21 Uhr. Im Stadtzentrum sind die Läden auch am Wochenende offen, samstags 10 bis 17, sonntags 12 bis 18 Uhr. Supermärkte wie Albert Heijn haben ohnehin täglich von 8 bis 22 Uhr geöffnet.

Einkaufsstraßen

Damstraat ➡ aC2–aD3
An den Dam schließt sich die Damstraat an, und wer den Menschenmassen folgt, vorbei an Madame Tussauds und dem Grand Hotel Krasnapolzky, ist schon auf dem Weg ins Amsterdamer Chinatown. In der Damstraat gibt es zum Beispiel ausgefallene Schuhe bei »Dr. Adams«, Antiquariate mit deutschsprachigen Büchern sowie auch Läden mit chinesischen Antiquitäten.

Haarlemmerstraat ➡ D7/8
Hier gibt es vor allem kleine und trendige Läden mit der Mode von lokalen Designern, aber auch mit Marken wie Miss Sixty, Diesel und Fornarina. Wie überall in Amsterdam gibt es etliche Schuhläden. Einen Stopp ist auch »Bread & Crumbs« wert, eine originelle Bäckerei mit Delikatessen.

Kalverstraat-Nieuwendijk ➡ aA3–aE1
Auf der Einkaufsmeile Nieuwendijk-Kalverstraat finden sich bekannte Marken wie H&M, Zara oder Esprit, aber auch zahlreiche ausgefallene Schuhläden, Buchläden und Modegeschäfte. Auf der Seite des Nieuwendijks findet man Souvenirläden sowie Internetcafés und auch Coffeeshops. Am Wochenende ist hier die Hölle los.

Leidsestraat ➡ H6–G7
Schuhläden wohin das Auge schaut, von Puma bis Prada und Gucci. Originell ist auch der Schuhladen »Botticelli« wo man sich die Schuhe nach den eigenen Vorstellungen zusammen-

Shoppen in der Leidsestraat: ohne Ende Schuhläden und ein Eiscafé

stellen lassen kann. Sonst gibt es hier auch Bekleidungsläden und ein »Ben & Jerry's« mit der Öko-Eiscreme aus dem amerikanischen Bundesstaat Vermont.

P. C. Hooftstraat ➡ H6–J5
Was in New York die 5th Avenue ist, ist in Amsterdam die P.C. Hooftstraat mit allen Top-Designermarken. Die noble Einkaufsmeile ist eher kurz, aber sie hat es in sich: Cartier, Chanel, Hugo Boss und Salvatore Ferragamo haben hier ihre Dependance. Zum Ausruhen bietet sich der Vondelpark an, der nur fünf Gehminuten entfernt ist.

Rozenstraat ➡ F5/6
Die Rozenstraat ist bekannt für ihre zahlreichen und witzigen Einrichtungsläden. Angefangen bei »Kitsch Kitchen« bis zu Läden mit Teppichen und Lampen aus Indien und dem Geschäft rund um den Futon. In der deutschen Buchhandlung »Zur Rose« gibt es Nachschub zum Schmökern.

Zeedijk ➡ aA–aC4
Asiatischer wird es nicht. Hier gibt es nicht nur die besten Restaurants mit fernöstlicher Küche, man kann sich sogar einen Kimono maßschneidern lassen. Comic-Fans finden seltene Ausgaben aus den USA und Asien. Preiswertes

Parfüm gibt es bei »Da Mario«, und wer sich für Musik und Platten interessiert, muss einen Stopp bei »Outland Records« einplanen, einem der bestsortierten Plattenläden der Stadt.

Kaufhäuser

De Bijenkorf ➡ aC2
Dam 1, Tram 4/9/16/24/25: Dam
www.bijenkorf.nl
So–Mi 11–20, Do/Fr 10–21, Sa 9.30–20 Uhr
»Bienenkörbe« gibt es in vielen Städten Hollands, es ist die Traditionsmarke unter allen Warenhäusern, ein Garant für Qualität. Dieses hier ist das Flaggschiff.

Kalvertoren ➡ aF2
Kalverstraat
Tram 4/9/14/16/24/25: Muntplein
www.kalvertoren.nl
Mo 11–18.30, Di/Mi, Fr/Sa 10–18.30, Do 10–21, So 12–18.30 Uhr
Das moderne Shoppingcenter bietet mehr als 30 exklusive Läden, eine preisgekrönte Architektur und etliche Cafés. Ein gläserner Lift bringt die Gäste ganz nach oben mit prächtigem Blick über das Herz der Stadt.

Magna Plaza ➡ aC1
Nieuwezijds Voorburgwal 182

Tram 1/2/5/13/17: Dam
www.magnaplaza.nl
Mo 11–19, Di/Mi, Sa 10–19, Do 10–21, So 12–19 Uhr
Über 40 Läden mit exklusiver Mode, anspruchsvollen CDs und hochwertigen Geschenkartikeln sowie elegante Bistros sind stilvoll verborgen hinter der Neorenaissancefassade des alten Hauptpostamtes.

Maison de Bonneterie ➜ aE2
Rokin 140
Tram 4/9/14/16/24/25: Muntplein
Mo 11–18, Di/Mi 10–18, Do 10–21, Fr/Sa 10–19, So 12–19 Uhr
Traditionsreiches Warenhaus im Zentrum; der prächtige Altbau wird von einer Glaskuppel gekrönt.

Kulinarisches

De Kaaskamer ➜ G6
Runstraat 7
Tram 1/2/5: Spui
☎ (020) 623 34 83
Mo 12–18, Di–Fr 9–18, Sa 9–17, So 12–17 Uhr
Schon vor der Türe stapeln sich die Goudaräder. Diese »Käsekammer« in den gemütlichen Negen Straatjes führt fast 400 Sorten des niederländischen Exportschlagers und verpackt die Ware auf Wunsch geruchsdicht auch für längere Autofahrten.

Hajenius ➜ aE2
Rokin 92–96
Tram 4/9/14/16/24/25: Muntplein
☎ (020) 623 74 94
Mo 12–18, Di–Sa 9.30–18, So 12–17 Uhr
Seit 1915 die eleganteste Adresse für Tabakfans: teure Zigarren aus Kuba und aus Sumatra, Feinschnitte aus England und Dänemark, luxuriöse französische Zigaretten und bodenständiger *halfzwaarer* Tabak für die Selbstgedrehte.

Puccini ➜ aE3/4
Staalstraat 17
Tram 9/14, Metro 51/53/54: Waterlooplein
☎ (020) 626 54 74
www.puccinibomboni.com
So/Mo 12–18, Di–Sa 9–18 Uhr
Alles, was man aus feinster Schokolade machen kann. Tagesfrisch mit den besten Zutaten in Handarbeit hergestellt.

Das Nobel-Kaufhaus »Magna Plaza« befindet sich im alten Hauptpostamt

Märkte

Albert Cuyp ➡ J8
Albert Cuypstraat
Tram 16/24: Albert Cuypstraat
Mo–Sa 9–17 Uhr
Der Knüller unter den Märkten: frisches Obst und Gemüse, exotische Genüsse und edle Gewürze sowie auch vieles, was man nicht essen kann.

Bloemenmarkt ➡ aF1/2
Am Singel/Munttoren
Tram 1/2/5: Koningsplein
Tägl. 8.30–18 Uhr
Tummelplatz von Touristen: Amsterdams bekanntester Blumenmarkt.

Boekenmarkt ➡ aE1
Spui
Tram 1/2/5: Spui
Fr 10–18 Uhr
Fundgrube für Liebhaber alter Bücher und Bilder.

Boerenmarkt ➡ D7
Noordermarkt
Tram 3: Nw. Willemsstraat
Sa 9–16 Uhr
Bauernmarkt mit Bioprodukten. Daneben findet hier Mo 9–13 Uhr ein Flohmarkt und Sa 9–17 Uhr ein Vogelmarkt statt.

Dappermarkt ➡ H12
Dapperstraat
Tram 9: 1e v. Swindenstraat
Mo–Sa 9–17 Uhr
Amsterdams günstigster Markt. Spezialitäten: Bekleidung, Drogerieartikel, Lebensmittel.

Nieuwmarkt ➡ aC4
Metro 51/53/54: Nieuwmarkt
So 10–17 Uhr
Antiquitäten und Krimskrams.

Waterloopleinmarkt ➡ aE5
Waterlooplein
Tram 9/14, Metro 51/53/54: Waterlooplein
Mo–Sa 9–17 Uhr

Bloemenmarkt: Touristisches Getümmel garantiert

Vielleicht der berühmteste Flohmarkt Amsterdams, sehenswert, auch wenn man nichts kaufen will.

Diamanten

Die Bezeichnung »Amsterdam-Schliff« bürgt in der ganzen Welt für hervorragende Qualität. Viele Werkstätten empfangen gern Besucher und bieten Führungen an – ohne jede Kaufverpflichtung.

Coster Diamonds ➡ J6
Paulus Potterstraat 2–8
Tram 2/5: Hobbemastraat
✆ (020) 305 55 55
www.costerdiamonds.com
Tägl. 9–17 Uhr

Gassan Dam Square ➡ aC2
Rokin 1–5
Tram 1/2/4/5/9/13/14/16/17/24/25: Dam
✆ (020) 624 57 87, www.gassan.com
Tägl. 10–19, Do bis 20.30 Uhr
Gassan Diamonds, 1945 von Samuel Gassan gegründet, erlebt gerade einen rasanten Aufstieg. Neben dem Headoffice und der historischen »Fabrik« in der Nieuwe Uilenburgerstraat präsentiert Gassan einen Flagship Store am Rokin, Duty Free Shops am Flughafen Schiphol und Geschäfte in London und Singapur. Führungen vgl. Amsterdam mit Kindern, S. 66. ▪

Mit Kindern in der Stadt
Museen, Aktivitäten

Amsterdam ist eine ideale Stadt für Familien mit Kindern – wenn man von den hohen Hotelpreisen und den fehlenden Familienzimmern mal absieht. Der große Rest ist aber die reine Freude, denn Kinder gehören hier – auch wenn sie laut und lustig sind – ganz unkompliziert zum Leben dazu und werden nirgendwo als störend empfunden. In den Restaurants gibt´s meistens Malstifte um die Wartezeit bis zum Servieren zu verkürzen und die Museen sind ohnehin auf Kinder als aktive Mitmach-Gäste eingestellt und bieten spezielle Suchspiele und Programme. Mit den köstlichen, frischen Honigwaffeln auf den Märkten und den Pfannkuchengerichten im Restaurant gibt es überall unkomplizierte Kindermahlzeiten und Snacks abseits der Fastfood-Unkultur. Zusätzlich bietet die Stadt viele Museen und Aktivitäten, die direkt auf die jungen und jüngsten Besucher zugeschnitten sind.

Museen

NEMO Science Center ➡ aC8
Oosterdok 2
Tram 25/26: Muziekgebouw/Bimhuis
✆ (020) 531 32 33, www.e-nemo.nl
Tägl. außer Mo 10–17 Uhr, in den Schulferien auch Mo
Eintritt € 13,50, bis 3 J. frei
Amsterdams spektakulärstes Museum sieht aus wie ein Schiff, das im Hafen vor Anker gegangen ist: NEMO, das Abenteuer-Museum für Wissenschaft und Technik. An Bord kann man auf 3 Decks Experimente durchführen, kann sich gewaltige Seifenblasen wie einen Sack über den Kopf ziehen, an lebensgroßen Modellen mit dem eigenen Gewicht das Hebelgesetz ausprobieren und im Labor die DNA einer Kiwi entdecken. Kurzum: Für Kinder und Jugendliche zwischen 4 und 16 Jahren gibt es in Hollands Hauptstadt kaum eine spannendere Adresse.

Und wer mal Pause machen will, steigt dem Museum aufs Dach. Das ist riesig wie eine Piazza, bietet *Hapjes* und Getränke, einen Sandspielplatz, ein Planschbecken für die Kleinsten – und einen genialen Rundblick über Hafen, Kirchen und Grachten.

Madame Tussauds ➡ aC2
Dam 20
Tram 1/2/4/5/9/13/14/16/17/24/25: Dam
✆ (020) 522 10 10
www.madametussauds.nl
Tägl. 10–18.30
Eintritt € 22/18 (5–15 J.)
Die Amsterdamer Variante des berühmten Londoner Wachsfigurenkabinetts zeigt Stars und Promis wie z. B. den Hl. Nikolaus. Im ersten Stock des beliebten Museums ist eine lebensgroße Amsterdamer Straßenszene aus dem 17. Jh. nachgebaut, in der man umherspazieren kann zwischen Händlern, Marktfrauen und Bettlern. Auch Rembrandts Atelier ist da zu sehen mit allen Tiegeln und Flaschen, in denen er seine Farben mixte. Was den Kindern aber meistens viel besser gefällt, ist der Blick in den kleinen Kanal. Die künstliche Gracht ist voll mit echtem Wasser – und darauf schwimmen ganz naturalistisch kleine, braune Häufchen – freilich aus Plastik. Schließlich flossen im 17. Jh. alle Abfälle und Abwässer aus den Bürgerhäusern ungehindert in die Kanäle. Und damals wurde das Amsterdamer Bier übrigens noch mit Grachtenwasser gebraut.

Tropenmuseum Junior ➡ H11
Linnaeusstraat 2
Tram 9/10/14: Alexanderplein
✆ (020) 568 82 00
www.tropenmuseum.nl
www.kit.nl
Tägl. außer Mo 10–17 Uhr (in den Ferien auch Mo)
Eintritt € 12–14/8–10 (4–12 J.), je nachdem ob mit oder ohne Guide oder Katalog
Angeschlossen an das Tropenmuseum bringt das ambitionierte TM Junior den Jüngsten Themen wie den Schutz der Regenwälder und den Alltag in den heutigen Regionen Afrikas, Lateinamerikas und Asiens näher. In exotischem Ambiente können Kinder durch die Straßenzüge einer nordafrikanischen Stadt, ein indianisches Dorf und über einen arabischen Markt mit all seinen Düften und Geräuschen spazieren.

Aktivitäten

Canal Bike ➡ H7
Weteringschans 26
Tram 7/10/16: Spiegelgracht
✆ (020) 217 05 00
www.canal.nl/de/canal-bike
Tretboote haben auf holländisch übrigens den schönen Namen *Waterfietsen* und man kann sie von April bis Okt. tägl. zwischen 10 und 18 Uhr für 8 Euro pro Stunde mieten; an warmen Sommertagen sind die Vermietstationen auch bis 21.30 Uhr geöffnet. Anlegestege sind z. B. am Leidseplein,

Nasser Spaß an Deck des NEMO Science Center

an der Westerkerk, in der Keizersgracht und am Rijksmuseum. Bei Canal Bike gibt es eine Karte dazu mit 5 verschiedenen Routen – und bei Regen ein Klarsichtdach fürs Tretboot.

Diamantschleiferei Gassan Diamonds ➜ aE5

Nieuwe Uilenburgerstraat 173–175
Tram 9/14, Metro 51/53/54: Waterlooplein
✆ (020) 622 53 33
www.gassandiamonds.nl
Tägl. 9–17 Uhr, Gratisführungen (Dauer ca. 90 Min.) nach Reservierung möglich

Hier kann man nicht nur den Profis bei der Arbeit zusehen, sondern bekommt auch Steinchen im Wert eines Lotto-Jackpots in die Finger. In Amsterdam geschliffene Diamanten genießen Weltruhm. Bei Gassan Diamonds, einer der führenden Schleifereien, weihen Mitarbeiterinnen in perfektem Deutsch die großen und kleinen Besucher in alle Details ein. An Plexiglas-Beispielen lernt man die verschiedenen Formen zu erkennen – vom Rosen- bis zum Baguetteschliff –, man sieht die Arbeitsplätze und das Handwerkszeug der Schleifer und besucht den Goldschmied, der die individuellen Fassungen herstellt. Und dann kommt der Höhepunkt – der Showroom. Dort tippt der Guide eine Zahlenkombination in die Rohrpost an der Wand und entnimmt ihr kurz darauf ein Kästchen mit säuberlich in Knisterpapier eingeschlagenen Mineralien im Wert einer Luxus-Weltreise. Die ganze, gleißende Pracht wird auf dem Tisch ausgebreitet, man erfährt Reinheitsgrade, Farben und Schliff – und schließlich wird der ganze Schatz wieder eingepackt.

Kinderkookkafé ➜ J4

Vondelpark 6
Tram 1: J.P. Heijestraat
✆ (020) 625 32 57
www.kinderkookkafe.nl
Tägl. 10–17 Uhr

Hier finden sich nicht nur Tische und Stühle, sondern hier steht auch eine komplette Küche im Kinderformat. In dieser Küche sind die Kinder die Chefs, 3 Profis helfen den 8- bis14-jährigen Köchen beim Kochen und Backen. Dann sind die Eltern zum Dinner eingeladen und dürfen auslöffeln, was der Nachwuchs ihnen eingebrockt hat. Am Ende sind alle begeistert. Wer sich erstmal umschauen möchte: Ins Kinderkookkafé können Eltern mit kleinen Kindern auch ohne Anmeldung hineingehen und dürfen sich mit ihrem Nachwuchs an der Self-Service-Theke betätigen, dort Pizza belegen und Kekse verzieren.

Pannenkoekenboot ➡ nördl. A7

Ms van Riemsdijkweg 33, NDSM-Werft

Gratisfähre vom Hauptbahnhof
✆ (020) 636 88 17
www.pannenkoekenboot.nl
Rundfahrten Mi, Fr–So 16.30–17.30 und 18–19, Sa/So 13.30–16 Uhr, Sa Nachtfahrt 20–22.30 Uhr
Ticket € 16/11 (3–12 J.) für 1-std. Fahrt, € 23,50/18,50 für 2 ½ Std.
Wer Pfannkuchen mag, ist in Amsterdam im Himmel, erst recht bei einer Rundfahrt mit dem Pannenkoekenschiff. Während man endlos viele Pfannkuchen verdrückt (alle nach Wunsch belegt), schippert das Boot durch den alten Hafen, sodass man nebenbei das neue Amsterdam zu sehen bekommt. Kein anderes Boot hat bislang dafür eine Lizenz.

TunFun Speelpark ➡ aE5

Unter Mr. Visserplein (in der Nähe vom Waterlooplein)
Tram 9/14, Metro 51/53/54: Waterlooplein
www.tunfun.nl
Tägl. 10–18, Einlass bis 17 Uhr
Eintritt Kinder (1–12 J.) € 8,50, Erwachsene frei
Wenn es draußen regnet, wird es drinnen voll. Der 3000 m² große Indoor-Spielpark bietet mit Softplay-Landschaften, Klettergarten, Trampolin und Rutschen Action und Möglichkeiten zum gefahrlosen Toben für die Kleinen. Die Eltern sind zu jeder Zeit für ihre Kinder verantwortlich und dürfen den Park nicht ohne den Nachwuchs verlassen. Essen und Getränke müssen dort gekauft werden. ◼

Die Eingangshalle des Tropenmuseums

Erholung und Sport
Stille Ecken, Schwimmen, Klettern, Radfahren

Amsterdam bietet perfekte Orte um die Batterien wieder aufzuladen, das beginnt beim Vondelpark und hört bei den *Waterfietsen*, den Tretbooten, nicht auf. Die sind übrigens seit über 25 Jahren die größte Attraktion auf den Grachten. Man kann mit dem Canal Bike nach Lust und Laune auf Entdeckungstour gehen, im eigenen Tempo und ungestört vom Verkehr. Wer Bewegung an Land braucht: Radfahren ist das Fortbewegungsmittel der Wahl in Amsterdam und als Radler ist man überall unter Gleichgesinnten, Räder gibt's fast an jeder Ecke zu leihen. Und weil das Land keine Berge hat, gibt's auch jede Menge Kletterhallen, sogar in einer ausrangierten Kirche kann man unter professioneller Aufsicht die Wände hochgehen. Wer gerne schwimmt, findet Hallen- und Freibäder – und die nahe Nordsee. Die bietet sich auch im Winter an, wenn man einfach mal Salzluft in der Nase braucht und das Geschrei der Möwen: Alle halbe Stunde fährt der Zug nach Zandvoort, und nach 30-minütiger Fahrt steht man schon am Meer.

Stille Ecken

Café de Sluyswacht ➡ aE4/5
Jodenbreestraat 1
Tram 9/14, Metro 51/53/54: Waterlooplein
℡ (020) 625 76 11
www.sluyswacht.nl
Mo–Do 12.30–1, Fr/Sa 12.30–3, So 12.30–19 Uhr
Rembrandt zeichnete das schiefe, denkmalgeschützte Schleusenwärter-Haus aus dem Jahr 1695, das seit ein paar Jahren als Café genutzt wird. Von der Terrasse direkt am Wasser hat man einen ungestörten Blick hinüber auf die Oude Schans und den Montelbaanstoren, der 1512 am damaligen Ostrand der Stadt zur Verteidigung der holländischen Flotte gebaut wurde.

Hortus Botanicus/Botanischer Garten
Vgl. Vista Points, S. 36 f.

Vondelpark ➡ H–K3–5
Tram 3/12: 1e Constantijn Huygensstraat, Tram 1/2/5/7/10: Leidseplein (5 Fußminuten zum Park)
Der Park ist nicht nur die grüne Lunge der Stadt, sondern Entspannungs- und Vergnügungsort. Weltberühmt wurde er zur Hippiezeit, als Tausende den Park zur Festivalwiese machten, hier nächtigten und den ersten Joint rauchten; die damals schon liberale und aufgeschlossene Stadtverwaltung lieferte Toiletten und Waschgelegenheiten. Heute trifft man sich hier zum Kicken und Bolzen, zum Flanieren und Musizieren.

Zon´s Hofje & De Star Hofje
➡ D7
Zon´s Hofje, Prinsengracht 159–171
De Star Hofje, Prinsengracht 89–133
Tram 13/14/17: Westermarkt
Die beiden malerischen Innenhöfe liegen nahe beieinander an der Prinsengracht und haben ihre eigene Geschichte: Zon´s Hofje (Mo–Fr 10–17 Uhr) war einst der Eingang zu einer Geheimkirche, De Star Hofje (Mo–Fr 6–18, Sa 6–14 Uhr) wurde von einem Kaufmann als Dank für seine Rettung gebaut und angelegt. Beide sind heute kleine, stille Rückzugsmöglichkeiten im Stadttrubel.

Schwimmen

De Mirandabad ➡ bC6
De Mirandalaan 9
www.zuidamsterdam.nl
Eintritt € 3,90/3,10
Tram 25: President Kennedylaan
✆ (020) 546 44 44
Mo–Fr 7–22, Sa/So 9–16 Uhr
25- und 50-m-Becken unter einer
großen Glaskuppel, mit Kinder-
bereich.

Zandvoort
Zweimal jede Stunde fährt am
Hauptbahnhof der Zug nach
Zandvoort, dem 27 km entfern-
ten Badeort der Stadt mit breitem
Strand, 38 Pavillons und buntem
Badeleben. An heißen Sommertagen ist Zandvoort tagsüber mindestens so trubelig wie der Amsterdamer Leidseplein und man
bekommt nur mit viel Glück noch
einen freien Liegestuhl am Strand
(www.zandvoort-holland.com).

Zuiderbad ➡ J6/7
Hobbemastraat 26
Tram 2/5: Hobbemastraat
✆ (020) 252 13 90
Mo 7–18, Di–Fr 7–22, Sa 8–15, So
10–15.30 Uhr
Historisches Jugendstilbad.

Klettern

Klimhal Amsterdam ➡ bB5
Naritaweg 48
Tram 12, Metro 50: Sloterdijk
✆ (020) 206 81 01 21
www.klimhalamsterdam.nl
Mo/Di, Do 17–22.30, Mi 14–22.30,
Fr 16–22.30, Sa/So 9–22.30 Uhr
Eintritt € 12,75/9,50
Die größte Kletterhalle aller Be-
neluxländer ist 21 m hoch und
umfasst 2000 m² Innen- sowie
700 m² Außenfläche.

Mountain Network Amsterdam
➡ E/F1
Erasmusgracht 297

Tram 7: Jan v. Galenstraat
✆ 088-123 68 35
www.mountain-network.eu
Eintritt € 12/10
Mo–Fr 13–23, Sa 9–18, So 10–22 Uhr
Kletterhalle mit Wänden aller
Schwierigkeitsgrade, für Passiv-
kletterer gibt es eine nette Bar
und Sitzgelegenheiten.

Radfahren

In keiner anderen Metropole Europas sind die Bewohner so selbst-
verständlich per Rad unterwegs;
und weil die schmalen Altstadt-
straßen nicht für Autos gebaut
sind, lässt sich per Rad auch am
meisten entdecken. Die Radmiete
kostet € 9,50 für 24 Stunden, außerdem muss man einen Ausweis
und € 50 hinterlegen.

MacBike
– Waterlooplein 199 ➡ aE5
Tram 9/14, Metro 51/53/54: Water-
looplein
– Stationsplein 5 ➡ aA5
Tram 1/2/4/9/13/14/16/17/24/25/26,
Metro 51/53/54: Centraal Station
– Weteringschans 2–4 ➡ H6
Tram 1/2/5/7/10: Leidseplein
✆ (020) 528 76 88
– Jordaan, Marnixstraat 220 ➡ F5
Tram 10/13/14/17: Rozengracht
www.macbike.nl
Alle vier Mietstationen im Zen-
trum haben tägl. 9–17.45 Uhr ge-
öffnet, vermietet werden auch
Tandems und Kindersitze.

Yellow Bike Guided Tours
➡ aA2
Nieuwezijds Kolk 29
Tram 1/2/5/13/14/17: Nieuwezijds
Kolk
✆ (020) 620 69 40
www.yellowbike.nl
Tägl. 9.30–18 Uhr
Hier kann man ein Rad mieten
und geführte Radtouren buchen,
bei rechtzeitiger Anmeldung
auch in deutscher Sprache. ■

Daten zur Stadtgeschichte

1225 An der Mündung der Amstel in die Ij gründen friesische Fischer eine Siedlung, die sie mit einem Deich *(dam)* schützen.

1270 An der Mündung der Amstel in die Zuidersee wird ein Schutzdamm gebaut, »Amstelledamme« entsteht. Fünf Jahre später wird Amsterdam zum ersten Mal offiziell erwähnt. Die Seeleute und Kaufmannsherren der Stadt erhalten von Floris V., Graf von Holland, das Recht auf freien Handel.

1300 Der Bischof von Utrecht verleiht Amsterdam die Stadtrechte. Es entwickelt sich zu einem bedeutenden Handelszentrum und erhält das Zollprivileg.

15. Jh. Brände verwüsten die Stadt, für den Wiederaufbau benötigt man vier Jahre. Die Verwendung von Stroh und Holz als Baumaterial wird verboten.

1515 Der Habsburgerkaiser Karl V. wird zum Herrscher Hollands, die Spanier unterdrücken die reformistischen Bewegungen im Lande.

1535 Die Reformation findet viele Anhänger, es kommt zu Unruhen. Die Wiedertäufer planen einen Aufstand, der jedoch scheitert.

1566 Nach dem »Bildersturm« erhalten die Calvinisten das Recht, öffentliche Gottesdienste abzuhalten. Zehn Jahre später fliehen die Amsterdamer Protestanten vor der katholischen Herrschaft.

Kaiser Karl V. (1548, Gemälde von Tizian)

1578 Die Truppen Wilhelms vertreiben die Spanier aus Amsterdam: Der Katholizismus wird verboten. Viele Kaufleute aus dem noch katholischen Süden der Niederlande flüchten nach Amsterdam, der Überseehandel beginnt.

1646–64 Peter Stuyvesant (1592–1672) ist Gouverneur der Handelskolonie »Nieuw Amsterdam« an der Ostküste der heutigen USA, die später den Namen New York annimmt.

Wilhelm I. von Oranien-Nassau, Befreier der Niederlande (1555, Gemälde von Anthonis Moor)

17. Jh. »Das Goldene Jahrhundert« – Amsterdam ist die bedeutendste Handelsstadt der Welt und ein kulturelles Zentrum. Dem Reichtum und der Prunksucht der damaligen Kaufleute verdankt die Stadt ihre vielen wundervollen, massiven Bauten.

1602 Die Kaufleute, die erfolgreich Seehandel mit Asien betreiben, gründen die Vereinigte Ostindische

Handelskompanie, die für lange Zeit die mächtigste Handelsgesellschaft der Welt sein wird. Sie besitzt das Monopol für den Gewürzhandel mit Südostasien.

Am Mussel Pier in Amsterdam zur Blütezeit der Ostindischen Handelskompanie (1673, Gemälde von Ludolf Backhuysen)

1642 Der niederländische Seefahrer Abel Tasman entdeckt bei einer Expeditionsreise, die er im Auftrag der Vereinigten Ostindischen Kompanie auf der Suche nach dem sagenumwobenen Kontinent namens Terra Australis Incognita durchführt, die später nach ihm benannte Insel Tasmanien und im Anschluss daran das heutige Neuseeland.

1651 Durch den Erlass der Navigationsakte, mit dem England seine protektionistische Handelspolitik durchsetzen will, wird zwischen den beiden Nationen der Krieg um die Macht auf den Weltmeeren ausgelöst.

1780–84 Frankreich und England werden immer stärker, im Krieg zerstören die Engländer die holländische Flotte.

19. Jh. Frankreich besetzt die Niederlande und kontrolliert die Kontinentalsperre gegen England, Amsterdams wirtschaftliche Macht nimmt ab. Mit Beendigung von Napoleons Herrschaft im Jahr 1813 bleibt Amsterdam zwar Hauptstadt, Regierungssitz wird aber Den Haag.

1876 Mit dem Bau des Nordseekanals, durch den Amsterdam den direkten Zugang zum Meer erhält, erlebt die Seefahrt eine neue Blüte.

Ansicht von Amsterdam auf einem kolorierten Kupferstich von Georg Braun und Frans Hogenberg (Köln, um 1572)

Standesamtliche Trauung von Willem-Alexander van Oranje-Nassau mit der Argentinierin Máxima Zorreguieta im Großen Saal der Beurs van Berlage, der ehemaligen Amsterdamer Börse

1940   Am 10. Mai greift die deutsche Wehrmacht die neutralen Niederlande an, Rotterdam und der Amsterdamer Flughafen werden durch deutsche Bomben zerstört. Königin Wilhelmina und die Regierung gehen nach London ins Exil. Amsterdam wird von deutschen Streitkräften besetzt. Viele Bürger der Stadt schließen sich dem Widerstand gegen die Nationalsozialisten an. Nach der Kapitulation der niederländischen Armee am 15. Mai entwickelt sich Amsterdam zum Zentrum des Widerstands gegen die nationalsozialistischen Besatzer.

1941   Dockarbeiter protestieren mit einem Generalstreik am 25. Februar gegen die Deportation jüdischer Bürger.

1945   Die Stadt wird wenige Tage vor der Kapitulation des Deutschen Reiches in Berlin am 5. Mai von kanadischen Truppen befreit. Die deutschen Besatzer haben während der fünf Kriegsjahre fast 100 000 Juden aus Amsterdam in die Konzentrationslager deportiert und damit fast die gesamte jüdische Bevölkerung der Stadt ausgelöscht.

1960er Jahre   Amsterdam wird zum Mekka der Hippie-Bewegung. Die Hochzeit von Prinzessin Beatrix mit einem Deutschen (1966) löst heftige Unruhen der neuen Protestbewegung aus. Der Bürgermeister Amsterdams muss die Konsequenz ziehen und seinen Posten räumen.

1970er Jahre   Die liberale Drogenpolitik führt zu einem Ansturm von Kiffern aus aller Welt. Die Hausbesetzer *(Kraaker)* führen heftige Kämpfe gegen Wohnungsspekulanten. Hunderte Wohnungen werden besetzt, um auf die Notwendigkeit von preisgünstigem Wohnraum aufmerksam zu machen.

1980   Anlässlich der Krönung von Königin Beatrix kommt es zu groß angelegten Demonstrationen gegen die Monarchie, die mit schweren Ausschreitungen enden.

1992   Beim Absturz eines Frachtflugzeugs der israelischen Fluggesellschaft El Al auf den Amsterdamer Trabantenvorort Bijlmermeer sterben 43 Menschen.

2002   Am 2. Februar heiratet Kronprinz Alexander van Oranje in der Nieuwe Kerk Máxima Zorreguieta. Nach schwierigem Anfang wegen der Verwicklungen ihres Vaters mit dem Videla-Regime in Argentinien (der General hatte sich 1976 an die Macht geputscht und Zigtausende Oppositionelle verschwinden lassen) gewinnt Máxima aber doch die Herzen der Niederländer. Im selben Jahr stirbt am 6. Oktober Prinz Claus, Ehemann von Königin Beatrix.

2004   Am 2. November wird der islamkritische Filmemacher Theo van Gogh ermordet. Der Regisseur war ein Urenkel von Theo van Gogh, dem Bruder Vincent van Goghs. Er galt als *enfant terrible* der Kunstwelt, der christliche, islamische und jüdische Werte attackierte – oft weit jenseits des guten Geschmacks. Einen seiner letzten Filme, »Submission« (Unterwerfung), machte er gemeinsam mit der ehemaligen Muslimin Ayaan Hirsi Ali; darin sprechen vier zum Teil verstümmelte islamische Frauen über ihre Misshandlungen.

2006   Ministerpräsident Jan Peter Balkenende tritt zurück. Den Bruch der Regierungskoalition löst die Affäre um die islamkritische Abgeordnete Ayaan Hirsi Ali aus.

2009   Bei einer Parade zur Feier des Königinnentages am 30. April rast ein Auto in die Menge, vier Menschen sterben. Die Amokfahrt setzt der Tradition des *Koninginnedag* als unbeschwerten nationalen Feiertag ein Ende.

2010   Der Grachtengürtel wird zum Weltkulturerbe ernannt.

2012   Der spektakuläre Bau des Filmmuseums EYE wird eröffnet und lenkt den Blick auf die Gegend jenseits des Flusses Ij, die bisher im toten Winkel der Wahrnehmung lag.

2013   Nach zehnjährigem Umbau eröffnet Königin Beatrix bei einem spektakulären Festakt das Reichsmuseum, eines der führenden Kunstmuseen der Welt. Es ist eine ihrer letzten Amtshandlungen, am 30. April übergibt sie den Thron an ihren Sohn Willem-Alexander. ◾

Anstehen für einen Besuch im Anne-Frank-Haus, Prinsengracht 267

Service von A–Z

Amsterdam in Zahlen und Fakten

Alter: Die heutige Hauptstadt geht auf eine kleine, gegen Ende des 12. Jh. gegründete Siedlung rund um einen Damm in dem Fluss Amstel zurück.
Fläche: 219 km², davon 52 km² Wasser
Lage: In der Provinz Noord-Holland, an der Mündung der Amstel und der Ij in das Ijsselmeer, 2 m über NN
Einwohner: 799 345 (Januar 2013)
Einwohnerdichte: 3650 Einwohner pro km²
Bevölkerungszusammensetzung: Einwohner 175 verschiedenener Nationalitäten, 40 % der Bewohner sind jünger als 30 Jahre.
Klima/Temperaturen: Kühles Seeklima mit milden Temperaturen im Winter, die selten unter 0 °C fallen, und warmen, aber sehr wenigen heißen Tagen im Sommer.
Bildung: Amsterdam besitzt zwei Universitäten, die Vrije Universiteit und die Universiteit van Amsterdam.
Wirtschaft: Eine wichtige Einnahmequelle ist der Tourismus; zudem ist Amsterdam Hauptsitz vieler großer niederländischer und internationaler Konzerne, wie Heineken, Philips und ING, und besitzt den zweitgrößten Hafen des Landes.
Tourismus: Mit mehr als 4,2 Mio. internationalen Besuchern liegt Amsterdam auf Platz 5 der beliebtesten Reiseziele Europas.

Anreise, Einreise

Mit dem Flugzeug
Der Flughafen **Schiphol** ➡ bC/bD4/5 liegt etwa 14 Kilometer außerhalb, tagsüber fährt alle 15 Minuten, nachts stündlich eine S-Bahn bis zum Hauptbahnhof (CS = Centraal Station) im Zentrum (Fahrpreis € 3,90, Dauer ca. 20 Min.).

Amsterdams beliebtestes Verkehrsmittel im Geburtstags-Look

Der Bahnhof im Flughafengebäude befindet sich unter der Erde, durch einen Fußgängertunnel ist er mit dem Terminal verbunden. Mit Connexxion gelangt man direkt zu über 100 Hotels Amsterdams. Abfahrt alle 10 Minuten zwischen 6 und 21 Uhr mit einem 8-Personen-Bus ab Haltestelle A7, gleich neben Ankunftshalle 2. Die Schiphol-Taxen verlangen für eine Fahrt in die Innenstadt ca. € 35.

Flughafen Schiphol ➡ bC/bD4/5
✆ (020) 794 08 00, www.schiphol.nl
KLM: ✆ (020) 474 77 47
Lufthansa: ✆ 0900-123 47 77
Taxizentrale Amsterdam:
✆ (020) 677 77 77
Abholservice: ✆ (020) 777 55 47,
www.schipholservice.de

Mit dem Zug
Auch Amsterdam ist an das Euro-City-Eisenbahnnetz angeschlossen, EC-Züge fahren mehrmals täglich zwischen Amsterdam und Köln, Berlin, Hamburg, Leipzig und Basel, von Wien fährt ein Nachtzug. Für das gut ausgebaute Streckensystem innerhalb der Niederlande gibt es günstige Netzkartenangebote: Während eines begrenzten Zeitraumes kann man einfach und bequem kreuz und quer durch das Land reisen.

Auskunft darüber gibt das Niederländische Büro für Tourismus in Köln. Auch die Deutsche Bahn hat immer wieder interessante Angebote. Information bei allen DB-Reise-Zentren, Reisebüros mit DB-Lizenz, beim Reiseservice ✆ 0180-699 66 33 und im Internet unter www.bahn.de.

Der **Internationale Bahnhof Amsterdam** (CS) befindet sich im Stadtzentrum, von 8 bis 20 Uhr erhält man an Informationsschaltern Auskunft über das holländische Streckennetz. Neben dem Hauptbahnhof befindet sich das VVV Amsterdam Tourist Office.

Von den Haltestellen vor dem Bahnhofsgebäude fahren Straßenbahnen und Busse in fast jedes Stadtviertel. Hier warten auch Taxifahrer auf Kunden. Jeder gefahrene Kilometer kostet € 1,80, dazu kommen fünf bis zehn Prozent Trinkgeld.

Centraal Station ➡ aA4/5
Stationsplein 1
Auskunft öffentlicher Nahverkehr:
✆ 0900-92 92, (ca. € 0,70/Min.), www.9292ov.nl), elektronisch:
✆ 0900-14 75 (ca. € 0,35/Min.), in-

ternational: ℰ 0900-92 96 (€ 0,35/ Min., www.ns.nl)

Mit dem Auto
Die Anreise von Deutschland führt über die Autobahn E 35 von Utrecht und Arnhem, die auf den Stadtring Amsterdam A 10 mündet. Unbedingt die **Geschwindigkeitsbegrenzungen** beachten: In geschlossenen Ortschaften sind 50 km/h, auf Landstraßen 70 km/h und auf der Autobahn 100 km/h, manchmal auch 120 km/h erlaubt.

Wenn man erst in Amsterdam angekommen ist, braucht man alles, nur kein Auto. Die öffentlichen Verkehrsmittel sind schnell, zuverlässig und sicher, Parkplätze sind selten und teuer. Hotels verlangen fürs Unterstellen in der hauseigenen Garage mittlerweile € 30 pro Nacht. Wer nicht so viel Geld aus dem Fenster werfen will, hat etliche Möglichkeiten, den Pkw bis zur Heimfahrt wegzuparken.

Die einfachste und preisgünstigste Möglichkeit bieten die perfekt ausgeschilderten **Park & Ride-Plätze**. Am besten fährt man zuerst zum Hotel, lädt das Gepäck aus (auch Handschuhfach leeren) und bringt den Wagen dann zu einem der Park & Ride-Plätze. Mit dem Ticket, das man dort bekommt, ist die Rückfahrt in die City für alle Beteiligten mit öffentlichen Verkehrsmitteln gratis. Pro 24 Stunden kostet der Pkw-Stellplatz etwa € 8 (Inhaber der I amsterdam Card zahlen nur die Hälfte). Die fünf größten P+R-Plätze sind:

P+R ArenA Transferium ➔ bC/bD6, Burgemeester Stramanweg 130, 1101 EP Amsterdam, beim Ajax ArenA Stadium, 500 Plätze. Zufahrt von der A 9 und A 2, Exit Transferium. Fahrt ins Stadtzentrum: Zug von der Bijlmer Station und Metro 54, 50.

P+R Bos en Lommer ➔ D1, Leeuwendalersweg 23b, 1055 JE Amsterdam, 100 Plätze. An der A 10,

Exit S 104. Fahrt ins Stadtzentrum: Tram 14, Bus 15, 21, 80, 82, 247, 315, 352, Metro 50.

P+R Olympisch Stadion ➔ bC5, Olympisch Stadion 44, 1076 DE Amsterdam, 250 Plätze. An der A 10, Exit S 108. Fahrt ins Stadtzentrum: Tram 16, 24. Hier gibt es gratis Räder zu leihen (Ausweis!), maximal zwei Räder pro Auto.

P+R Sloterdijk ➔ westl. B1, Piarcoplein 1, 1043 DW Amsterdam, am Sloterdijk Bahnhof, 200 Plätze. An der A 10, Exit S 102. Fahrt ins Stadtzentrum: Zug vom Bahnhof Sloterdijk, Metro 50, Bus 48, Tram 12. Auch hier gibt es gratis Räder zu leihen (Ausweis).

P+R Zeeburg ➔ bC6, Zuiderzeeweg 46, 1095 KJ Amsterdam, am Piet Heintunnel, 250 Plätze. An der A 10, Exit S 114. Fahrt ins Stadtzentrum: Tram 26, Bus 37, 245. Alle Park & Ride-Plätze sind beleuchtet, bewacht und rund um die Uhr zugänglich.

Innerhalb der Stadtgrenzen gibt es auch **unbewachte Gratis-Parkplätze**:
Spinnerij ➔ bD5, an der A 9, Exit Amstelveen. Fahrt ins Stadtzentrum: Metro 51.
Diemen-Zuid ➔ bC6, an der A 10, Exit S 112. Fahrt ins Stadtzentrum: Metro 53.
Gaasperplas ➔ bC/bD7, an der A 9, Exit Gaasperplas. Fahrt ins Stadtzentrum: Metro 53.
Buikslotermeerplein ➔ bD5, an der A 9, Exit Amstelveen. Fahrt ins Stadtzentrum: Bus 33, 36, 100, 110, 114.

Für eine kürzere Parkdauer bieten sich die offiziellen **Parkplätze bei einem Parkautomaten** an. In ganz Amsterdam, sprich im Gebiet innerhalb des Autobahnrings, ist das Parken nur dort und in den Parkhäusern erlaubt. Man erkennt die Parkautomaten an einer blauen Lichtbox mit dem Buchstaben P. Insgesamt stehen etwa 80 000 Park-

I amsterdam Card

Ein MUSS: Die »I amsterdam Card« bietet freie Fahrt mit allen öffentlichen Verkehrsmitteln, eine kostenlose Rundfahrt im Boot, freien Eintritt in 30 Museen und Attraktionen sowie Preisnachlass in zahlreichen Läden und Restaurants. Für 24 Stunden kostet die Karte € 42, für 48 Stunden € 52 und für 72 Stunden € 62. Zusammen mit der Chipkarte erhält man den handlichen I-amsterdam-Reiseführer, der auch alle Vorteile auflistet. Detaillierte Informationen gibts unter www.iamsterdam.com, wo man die Karte auch online kaufen kann.

Verkaufsstellen der I amsterdam Card:

Direkt nach der Landung auf dem Flughafen Schiphol in der Ankunftshalle 2 bei der Holland Tourist Information.

Nach der Ankunft mit dem Zug vor dem Hauptbahnhof im Informationsbüro am Stationsplein 10.

Nach der Ankunft im Bus am Leidseplein im Canal Bus Kiosk auf der Brücke zwischen Leidseplein und Stadhouderskade sowie am Museumplein nahe dem Van Gogh und Rijksmuseum bei Keytours, Paulus Potterstraat 8.

Nach der Ankunft im Auto bei den P+R Plätzen Amsterdam ArenA, Zeeburg, Olympisch Stadion und Sloterdijk, bei etlichen Shell-Tankstellen, bei allen GVB Tickets & Info Points, bei den Kiosken von Canal Bus, in den Stayokay Hostels und in vielen Amsterdamer Hotels.

plätze zur Verfügung. Wer kein gültiges Parkticket besitzt, muss am Automaten den angegebenen Betrag bezahlen. Wer das nicht tut, riskiert eine Parkkralle. Außerdem kann das Auto abgeschleppt werden. Wird Ihr Auto mit einer Kralle fixiert, finden Sie unter den Wischerblättern die Info, wie es weitergeht. Meistens ruft man den Pay-and-go-Wagen an (✆ 020-251 22 22), der vorbeikommt und nach Bezahlung (auch mit Kreditkarte) die Klemme entfernt.

In Amsterdam gibt es eine Reihe **öffentlicher Parkhäuser**. An den Zufahrtsstraßen in die City stehen Schilder, die Teil eines dynamischen Parkhinweissystems und über einen zentralen Computer mit 13 Parkhäusern verbunden sind. So erhalten Sie bei der Fahrt in die Stadt regelmäßig aktuelle Informationen über die Zahl der freien Plätze im nächstgelegenen Parkhaus. Die Preise variieren von € 1,50 bis € 4 pro Stunde. Die größten Parkhäuser sind P1 Parking Amsterdam Centre am Hauptbahnhof, Parkhaus RAI am Europaplein (Amsterdam Zuid) und das Parkhaus World Trade Center Amsterdam an der Strawinskylaan ebenfalls im Süden der Stadt. Neu und teuer (€ 30 am Tag) ist die große Tiefgarage am Muziekgebouw am Osthafen. Von dort ist man aber z. B. mit dem Auto in fünf Minuten auf dem P+R-Platz Zeeburg und zehn Minuten später mit der Metro kostenlos schon wieder zurück.

Weitere Fragen zum Thema kann man per Email stellen: info@ parkeren-amsterdam.nl. Weitere Infos erhält man auf www.amsterdam.nl/bereikbaar.

Auskunft

In Deutschland:

Niederländisches Büro für Tourismus
Postfach 270580, 50511 Köln
✆ (0221) 92 57 17 13
www.niederlande.de

In Amsterdam:

Amsterdam Tourist Information
✆ 020 - 702 6000
www.iamsterdam.com
Sprechzeiten Mo–Fr 9–17, Juli/
Aug. bis 18 Uhr

VVV Amsterdam Informations-
büros
– Stationsplein 10 (gegenüber Centraal Station) ➡ aA4, tägl. 9–19 Uhr
– Leidseplein 26 (Ecke Leidsestraat) ➡ H6, tägl. 10–18 Uhr
– Schiphol Airport Ankunftshalle 2
(Schiphol Plaza, Holland Tourist
Information) ➡ bD5, tagl. 7–22 Uhr
– Amstel 3 (im Muziektheater)
➡ aA4, Mo–Fr 12–18, Sa 12–15
Uhr, Mitte Juli–Mitte Aug. geschl.
In den Büros kann man Hotels
und Exkursionen buchen und Mu-
seumstickets kaufen. Zudem gibt
es alle touristischen Informationen, Broschüren für Stadtspazier-
gänge, Stadtpläne und Souvenirs.

Amsterdams Uit Buro (AUB) ➡ H6
Leidseplein 26 (linke Seite Stadsschouwburg, Ecke Marnixstraat)
Tram 1/2/5/7/10: Leidseplein
✆ (020) 795 99 50
Mo–Sa 10–19, So 12–18 Uhr
www.uitburo.nl, www.aub.nl, www.
theater.nl, www.visitholland.com
Das AUB ist eine Stiftung; hier
gibt es u.a. für junge Leute bis 26
Jahre den **Cultureel Jongeren Pas-
poort**, der ein Jahr gültig ist und
Vergünstigungen bietet. Außerdem erhält man beim AUB Ver-
anstaltungsinfos und Karten für
Konzerte, Theater und kulturelle
Veranstaltungen.

Diplomatische Vertretungen

Botschaft der Bundesrepublik
Deutschland
Groot Hertoginnelaan 18–20
2517 EG Den Haag
✆ (070) 342 06 00
www.niederlande.diplo.de

Deutsches Generalkonsulat ➡ J6
Honthorststraat 36/38
Tram 2, 5: Hobbemastraat
✆ (020) 574 77 00
Mo–Fr 8.30–11.30 Uhr und nach
Vereinbarung

Österreichisches Ehrenkonsulat
➡ J6
Honthorststraat 20
Tram 2, 5: Hobbemastraat
✆ (020) 471 24 38
Termin nach Vereinbarung

Schweizerisches Konsulat ➡ K5
De Lairessestraat 97
Tram 2: Cornelius Schuytstraat
✆ (020) 717 34 16
Termin nach Vereinbarung

Feiertage, Feste, Veranstaltungen

Feiertage
Außer den gängigen christlichen
Festtagen feiern die Amsterdamer am **30. April** den Geburtstag
ihrer Königin, den **Koninginnedag**. Zu Ehren des Hauses Oranje
legt dann jeder Bürger Wert darauf, wenigstens einen Teil seiner
Kleidung in dieser leuchtenden
Farbe zu halten, und wenn es nur
ein apfelsinenfarbenes Band um
den Kopf ist.
Am **4. Mai** ist der **Gedenktag
für die Toten des Zweiten Weltkrieges**, am **5. Mai** begeht man in
Erinnerung an das Ende der deutschen Besatzung durch kanadi-
sche Truppen das **Befreiungsfest**.
Bis auf den 25. Dezember und
1. Januar sind die Museen an
den Feiertagen – zum Teil einge-
schränkt – geöffnet.

Feste und Veranstaltungen
Mit 75 Festivals im Jahr gehört
Amsterdam zu den Top-Festival-
Städten in Europa. Das ganze
Jahr über gibt es eine Vielfalt an
kulturellen Darbietungen aus der
ganzen Welt, Sprache spielt da-

Am 30. April, dem Koninginnendag, ist Orange die Farbe der Wahl

bei kaum eine Rolle und manche Veranstaltungen sind sogar gratis. Neben den Konzerthallen und Theatern verwandeln sich auch Parks, öffentliche Plätze, Grachten und Parkplätze in eine große Bühne. Nachfolgend die schönsten Festivals in allen Disziplinen mit den Webseiten für aktuelle Informationen.

März

5 Days Off – Tanz-Event mit populären und neuen Varianten der elektronischen Musik (www.5daysoff.nl).

April

Aqua Musica – Klassisches Musikfestival an und auf dem Wasser, Konzerte auf historischen Schiffen (www.muziekgebouw.nl).

Imagine – Fantasie an die Macht: Imagine wurde 1984 gegründet und ist den Liebhabern von Filmen in den Genres Fantasy, Science-Fiction, Horror, Thriller und Zeichentrick gewidmet. Alle Filme werden in Originalsprache gezeigt, dazu gibt es Workshops und öffentliche Symposien (www.imaginefilmfestival.nl).

Juni

Holland Festival – Das Holland Festival ist das älteste und größte Kunst- und Musikfestival der Niederlande. Es präsentiert Jahr für Jahr einen Überblick über eindrucksvolle und spektakuläre künstlerische Projekte aus aller Welt. Einen Monat lang erleben Besucher in den Amsterdamer Kulturstätten Tanz, Musik, Oper, Theater und Film auf höchstem Niveau. Schwerpunkte sind das Muziekgebouw aan't IJ, das Muziektheater, die Stadsschouwburg und die Westergasfabriek (www.hollandfestival.nl).

MidzomerZaan – Ein Wochenende vollgepackt mit aufregenden musikalischen und künstlerischen

Begegnungen in alten Fabrikgebäuden entlang der Zaan. Hören, sehen, essen, trinken und sich überraschen lassen von außergewöhnlichen Kombinationen verschiedenster Musikstile und bildender Kunst (www.midzom erzaan.nl).

Amsterdam Roots Festival – Bereits seit mehr als zehn Jahren eines der tonangebenden internationalen Musikfestivals. Es präsentiert (bei freiem Eintritt) grenzüberschreitende Entwicklungen innerhalb der Weltmusik. Die Mischung unterschiedlicher ethnischer Hintergründe und Musikstile sowie die Kontakte zwischen den einzelnen Bevölkerungsgruppen prägen den Charakter des Festivals. Vor der Kulisse des Amsterdamer Oosterpark besuchten z. B. 2008 mehr als 50 000 Menschen aus den unterschiedlichsten Kulturen das Roots Open Air, um in entspannter Atmosphäre miteinander zu feiern (www.amsterdamroots.nl).

Juli

Sensation White und Sensation Black – Gigantische Club- und Tanz-Events in der Amsterdam Arena (www.sensation.nl).

Dance Valley – Bekanntes Dance-Festival in Spaarnwoude bei Amsterdam mit den hippsten Tanzstilen von Techno bis Clubhouse, Elektro, Trance und Urban (www.dancevalley.nl).

Julitanz – Internationales Tanzfestival mit bekannten Choreographen und neuen Tanzformen (www.julidans.nl).

Juli–August

Robeco Zomerconcerten – Jedes Jahr bieten die Sommerkonzerte die Möglichkeit klassische Musik ganz informell und entspannt zu erleben. Die Ticketpreise sind gesponsert, daher kann man schon ab 20 Euro ein klassisches Konzert in einer der besten Konzerthallen der Welt erleben (www.concert gebouw.nl).

August

Grachtenfestival und Prinsengrachtkonzert – Einzigartiges Programm klassischer Musik an und auf den Amsterdamer Grachten; das stimmungsvolle Prinsengrachtkonzert auf einem Ponton ist der Höhepunkt und wird in viele Länder ausgestrahlt (www.grachtenfestival.nl).

Mysteryland – Ältestes Tanzfestival der Niederlande mit allen Musikstilen in Haarlemmermeer bei Amsterdam (www.mystery land.nl).

September

Hans van Manen Festival – Renommierte Ensembles aus aller Welt kommen nach Amsterdam, vom Kirow Ballet über das Bayerische Staatsballett bis zum San Francisco Ballet (www.het-ballet.nl).

Gaudeamus Musikwoche – Seit 1947 in Amsterdam veranstaltetes Festival zeitgenössischer Musik und Interpretationskunst. Junge Komponisten bis 30 Jahre wetteifern um den Gaudeamus-Preis (www.gaudeamus.nl).

Oktober

Amsterdam Dance Event – Der Amsterdam Dance Event (ADE) ist das wichtigste Meeting für elektronische Musik und gleichzeitig das größte Clubfestival der Welt. 2012 kamen 3800 Musikprofessionals aus 46 Ländern, 200 000 Festivalbesucher verfolgten die Auftritte von mehr als 700 DJs und Acts in 75 Clubs und Theatern (www.amsterdam-dance-event.nl).

Cinekid – Das Film-, Fernseh- und neue Medien-Festival wendet sich an ein junges Publikum und zieht mehr als 50 000 Kinder, Eltern und (internationale) Gäste an. Geboten werden Spiel-, Dokumentar-, Kurz- und Animationsfilme, TV-Produktionen, crossmediale Produktionen, interaktive Installationen und Workshops (www.cinekid.nl).

November
Amsterdamse Cello Biënnale – Die Cello Biennale findet seit Beginn im Muziekgebouw aan't IJ am Amsterdamer Hafen statt und ist zum Treffpunkt für Cellisten aus aller Welt geworden. An neun Tagen geben niederländische und internationale Solisten, Ensembles und Orchester über 40 Konzerte, von morgens früh (Bach & Breakfast) bis in den späten Abend hinein. Spitzencellisten halten öffentliche Meisterkurse und beim Nationalen Cello Concours stellen sich die besten jungen Cellisten vor. Ein Festival für alle Cellofanatiker, Musikliebhaber und junge Talente (www.amsterdamsecello biennale.nl).
Dezember
Tangomagia – Internationales Tangofestival mit berühmten Tangotanzpaaren aus aller Welt (www.tangomagia.com).

Geld, Banken, Kreditkarten

Seit 2002 ist der Euro die offizielle Währung der Niederlande und natürlich gelten alle gängigen Kreditkarten. Geldautomaten findet man in Banken und Postämtern, Filialen sind z. B. auf der Raadhuisstraat (Ecke Rosengracht), bei der Stopera an der Waterlooplein kant und auf der Ecke Leidseplein/Leidsestraat. Vor den Geldautomaten im Amsterdamer Hauptbahnhof bilden sich meist lange Warteschlangen.

Seit Sommer 2005 gibt es eine einheitliche Rufnummer zum Sperren von Kredit-, EC- und auch Handykarten. Der **Sperr-Notruf** ist täglich 24 Stunden erreichbar: in Deutschland gebührenfrei unter ✆ 116 116, aus dem Ausland gebührenpflichtig unter ✆ +49 116 116. Aus dem Ausland steht zusätzlich die Rufnummer ✆ +49 30 40 50 40 50 zur Verfügung.

Hinweise für Menschen mit Behinderungen

Alle großen Museen und Ausstellungen haben rollstuhlgerechte Rampen und Fahrstühle. In den Hotelprospekten des VVV Amsterdam Tourist Office sind die Häuser, die über Einrichtungen für Rollstuhlfahrer verfügen, besonders gekennzeichnet.

Schwierigkeiten gibt es bei den öffentlichen Verkehrsmitteln: Busse, Trams und Grachtenboote sind weniger behindertengerecht. Außerdem ist es heikel, mit dem Rollstuhl auf den schmalen und oft zugeparkten Bürgersteigen zu fahren. Ein **Taxi-Unternehmen** ist aber auf behinderte Gäste eingestellt: ✆ (020) 696 96 40.

Internet

Informative Websites zu Amsterdam sind unter anderem:
http://www.amsterdam.info/de
http://www.iamsterdam.com
http://wikitravel.org/de/Amsterdam
http://www.timeout.com/amsterdam

Klima, Kleidung, Reisezeit

Schnee und Eis sind eher selten in Amsterdam; nur etwa alle zehn Jahre frieren hier im **Winter** die Grachten zu und verwandeln sich in idyllische Eislaufbahnen. Dann geht es zu wie auf den Gemälden alter niederländischer Meister. Alt und Jung vergnügen sich auf dem Eis, es wimmelt und flitzt, purzelt und lacht auf allen Wasserläufen, unter Brücken und vor den Hausbooten. Meistens jedoch sind die Wintermonate aber verregnet, die Durchschnittstemperatur liegt dann bei etwa 6 °C – ähnlich also wie in Hamburg oder Frankfurt.

Im **Frühjahr und Sommer** herrschen Temperaturen zwischen 18 und 25 °C. Dann kommen die meisten Besucher in die Stadt und es ist kaum noch ein freies Hotelzimmer zu finden.

In puncto Bekleidungsregeln setzt lediglich die Temperatur Maßstäbe, d. h. im Frühling, Herbst und Winter sollte man an eine warme Jacke und Regenschutz denken. Ansonsten gilt »erlaubt ist, was gefällt«. Auch Nobles ist nicht verpönt, und in guten Restaurants oder zum Konzert- und Theaterbesuch zieht man sich gern ungewöhnlich, edel oder ausgeflippt, aber immer modisch an.

Medizinische Versorgung

Die gesetzlichen Krankenkassen Deutschlands, Österreichs und der Schweiz garantieren eine Behandlung in den Niederlanden auch im akuten Krankheitsfall, wenn die medizinische Versorgung nicht bis nach der Rückkehr warten kann. Im Krankheitsfall besteht ein Anspruch auf ambulante oder stationäre Behandlung bei jedem zugelassenen Arzt sowie in staatlichen Krankenhäusern.

Öffentliche Krankenhäuser bieten einen 24-Stunden-Notdienst. Die Behandlungskosten sind sofort zu bezahlen, in Deutschland kann mit der Krankenversicherung die Rückerstattung geregelt werden. Die **Auslandskarte** (EHIC), die gesetzlich Versicherte EU-Bürger bei ihrer Krankenkasse erhalten, erleichtert die Abrechnung. Sinnvoll ist der Abschluss einer zusätzlichen **Reisekrankenversicherung**, weil sonst nur die in Deutschland üblichen Sätze erstattet werden.

Zur Erstattung der Kosten benötigt man Quittungen (mit Datum, Namen, Bericht über Art und Umfang der Behandlung, Kosten der Behandlung und Medikamente). Vor Antritt der Reise sollte man sich jedoch bei der zuständigen Krankenkasse erkundigen. Ein Merkblatt für Auslandsaufenthalte ist im Übrigen bei jeder Krankenkasse erhältlich.

Apotheken erkennt man in den Niederlanden an dem Buchstaben A in Kombination mit dem Äskulapstab. Auch der Drogist verkauft Arzneimittel, aber verschreibungspflichtige Medikamente wie Antbiotika oder Schlafmittel bekommt man ausschließlich in der Apotheke. Ein Aushang gibt Auskunft darüber, welche Apo-

Winterspaß »auf« den Grachten: Brueghel wäre begeistert

theke gerade Wochenend- oder Nachtdienst hat.

Vorwahl der Niederlande ℃ +31
Vorwahl von Amsterdam ℃ 020
Auskunft ℃ 0900-84 18 (Ausland),
℃ 0900-80 08 (Inland)
Polizeizentrale ℃ 09 00-88 44
Notruf für Polizei, Feuerwehr und Notarzt ℃ 112
Arzt (Centrale Doktersdienst)
℃ (020) 592 34 34
Apothekennotdienst
℃ (020) 694 87 09
Autopanne ℃ 0800-08 88
Sperr-Notruf für Kredit-, EC- und Handykarten, täglich 24 Stunden, gebührenpflichtig ℃ +49 116 116, aus dem Ausland zusätzlich ℃ +49 30 40 50 40 50

Post, Briefmarken

Hauptpostamt (Hoofdpostkantoor) ➡ aC1
Singel 250–256
Tram 1/2/4/5/9/13/14/16/17/24/25: Dam
Service: ℃ (020) 556 33 11
Mo–Fr 8.30–18, Do bis 20, Sa 9–12 Uhr
Hier kann man Geld wechseln und Sammlermarken kaufen. Das Porto für einen Brief oder eine Postkarte innerhalb Europas beträgt € 0,90 bis 20 Gramm und € 1,80 bis 50 Gramm. Briefmarken gibt es auch in Tabakläden und Souvenirshops.

Presse

Von den drei größeren Tageszeitungen ist *De Telegraaf* das meistgekaufte Blatt, das *NRC Handelsblad* liefert kulturelle und *Het Parool* vor allem Lokalnachrichten. Ausgehtipps und Veranstaltungshinweise findet man im monatlich erscheinenden *Uitgaan* und im englischsprachigen *What's on*, erhältlich beim VVV Amsterdam Tourist Office.

In zahlreichen Geschäften der Innenstadt gibt es alle großen deutschen Tageszeitungen und Zeitschriften.

Rauchen

Verrücktes Amsterdam! Hier darf zwar weiterhin gekifft werden, aber das Tabakrauchen ohne Hasch ist tabu. Zeitweise wollte man das Qualmverbot (z. B. an der Bartheke) lockern, aber daraus wurde nichts. Also wurde ein absolutes Rauchverbot beschlossen, nicht nur in Restaurants, Kneipen, Geschäften und allen öffentlichen Einrichtungen, sondern auch auf der Terrasse davor. Wer dagegen im Coffeeshop sein Haschpfeifchen schmaucht, hat auch weiterhin kein Problem. Mittlerweile hat die Stadtregierung gewechselt und weil das strikte Qualmverbot viele kleine Kneipen in den Ruin getrieben hat, steuert die Debatte jetzt auf eine Liberalisierung zu, nach der Ein-Mann-Kneipen ohne Mitarbeiter das Rauchen erlauben können.

Sicherheit

Wie in allen pulsierenden Metropolen gibt es auch in Amsterdam Kriminalität. In den öffentlichen Verkehrsmitteln in der Innenstadt, im Menschengewimmel der belebten Plätze und im Gedränge enger Gassen können Taschendiebe unterwegs sein. Es gelten die gleichen Vorsichtsmaßnahmen wie überall: keine überflüssigen Wertsachen spazieren führen und Gepäck oder Reisepapiere nicht im Auto liegen lassen.

Im Rotlichtbezirk darf man keine Prostituierten fotografieren. Und was das Rauschgift angeht, darf man nie vergessen, dass nur der Konsum leichter Cannabis-Produkte wie z. B. von Haschkeksen legal ist. Der Verkauf und Besitz von harten Drogen ist auch in den Niederlanden strafbar.

Sightseeing, Touren

Fremdenführer: Ausgebildete mehrsprachige Guides bieten Themen-Spaziergänge z. B. zur Geschichte und Architektur oder in diverse Museen. Reservierung beim VVV Amsterdam Tourist Office oder Guidor, die Organisation der Fremdenführer (℡ 020-624 60 72, www.guidor.nl).

Private Stadtführungen: Familien, kleine Gruppen oder Solo-Gäste, die eine maßgeschneiderte private Führung möchten (Themengebiet nach Absprache), wenden sich an die Kunsthistorikerin Bregtje Viergever (viergever@planet.nl); eine ganztägige Tour kostet € 200 und ist jeden Cent wert.

So schmückt sich ein waschechter Amsterdamer Hund

Die abendliche **Jazz-Cruise** (jeden Sa 20 und 22 Uhr) auf den Grachten, die tägliche **City Tour** mit Bus und Grachtenfahrt (Start 9.30 und 14.30 Uhr) sowie der **Stadtrundgang** auf Rembrandts Spuren (Mo, Mi, Fr/Sa 12 Uhr) können beim VVV Amsterdam Tourist Office und seinen vier Info-Büros gebucht werden.

Etliche Agenturen bieten die unterschiedlichsten **Rundfahrten** durch Amsterdam an: Themenfahrten, halb- und ganztägige Stadtrundfahrten im klimatisierten Bus, Kutschfahrten und kombinierte Touren mit Bus und Boot, manche besuchen auch eine Diamantschleiferei. Alle Fahrten werden von deutsch- oder englischsprachigen Reiseleitern begleitet. Angeboten werden auch **Tagesausflüge** zum Keukenhof, zum Käsemarkt in Alkmaar, zur Porzellanmanufaktur in Delft, zur Miniaturwelt von Madurodam, zur Blumenauktion in Aalsmeer oder nach Rotterdam.

Karos City Tours (Kutschfahrten) ➡ aC2
Ausgangspunkt: Dam, vor dem Königlichen Palast
℡ (020) 691 34 78
www.karoscitytours.nl
Tägl. 11–18 Uhr
Canal Tour (30 Min.) € 45, Jordaan Tour (45 Min.) € 65

Keytours Holland ➡ J6
Paulus Potterstraat 8
℡ (020) 305 53 33
www.keytours.nl

Lindbergh Excursions ➡ aA/aB3
Damrak 26
℡ (020) 622 27 66
www.lindbergh.nl

Grachtenrundfahrten
Es gibt Dinner Cruises und Candlelight Cruises sowie Rundfahrten mit besonderer Thematik und bestimmten Schwerpunkten. In

der Regel werden die Sehenswürdigkeiten während der Rundfahrt mehrsprachig kommentiert. Abfahrtsorte sind: gegenüber dem Hauptbahnhof, am Damrak, am Oude Turfmarkt, beim Leidseplein, beim Casino, gegenüber vom Rijksmuseum, gegenüber der alten Heineken-Brauerei.

Canal Bus ➜ H7
Weteringschans 26
✆ (020) 217 05 00, www.canal.nl

Rederij Lovers ➜ aA3
Prins Hendrikkade 25–27
✆ (020) 530 10 90
www.lovers.nl

Telefonieren

Die öffentlichen Telefone erkennt man am KPN-Telecom-Logo. Um sie zu benutzen, braucht man eine Kredikarte oder eine Telefonkarte, die es auf Postämtern, in Supermärkten und am Kiosk gibt. Die Ortsvorwahl für Amsterdam ist ✆ 020, für die Niederlande ✆ +31, für Deutschland ✆ +49. GSM-Handys funktionieren in Amsterdam problemlos.

Trinkgeld

Die Gehälter des Servicepersonals sind meist so niedrig kalkuliert, dass ein Trinkgeld von 10 bis 15 Prozent erwartet wird. Wer an einer organisierten Stadtrundfahrt teilnimmt: Busfahrer und Reiseleiter freuen sich über eine Anerkennung.

Verkehrsmittel

Mit Straßenbahn, Bus, Metro und S-Bahn kommt man zügig in alle Teile der Stadt. Innerhalb des Zentrums ist alles bequem zu Fuß oder mit der Straßenbahn zu erreichen. Die traditionelle Streifenkarte *(Strippenkaart)* wurde im Juni 2010 von einer elektronischen Chip-Karte abgelöst, der OV-chipkaart, die man für alle Verkehrsmittel nutzen kann. Die alte, komplizierte Aufteilung der Stadt in Fahrzonen wurde damit aufgehoben. Die OV-chipkaart gibt es mit einer Gültigkeit von 24 Stunden bis zu 7 Tagen (€ 7 für 24 Std., € 11,50 für 48 Std., € 15,50 für 72 Std., € 19,50 für 4 Tage, € 24 für 5 Tage, € 27,50 für 6 Tage und € 30 für 7 Tage). Ein Ticket für eine einzelne Fahrt kostet € 2,80 und ist eine Stunde gültig.

Erhältlich sind die Karten in den Büros der städtischen Verkehrsbetriebe GVB am Hauptbahnhof (Stationsplein 15, www.gvb.nl, Mo–Fr 7–21, Sa/So 10–18 Uhr) und an den Automaten in den U-Bahn-Stationen, beim VVV Amsterdam Tourist Office und bei den Bus- und Tramfahrern.

Die »I amsterdam Card« bietet freie Fahrt mit allen öffentlichen Verkehrsmitteln und vieles mehr und ist für 24 Stunden (€ 42), 48 Stunden (€ 52) oder 72 Stunden (€ 62) gültig.

Taxis
Vorsicht: Es kann passieren, dass die Taxifahrer eine zu kurze Fahrt ablehnen.
Zentraler Taxiruf:
✆ (020) 677 77 77
Schiphol Taxizentrale:
✆ 0900-900 66 66 (vorbestellen)
TCA Taxi mit Festpreis (€ 2,03 pro km) ✆ (020) 777 77 77

Wassertaxis kosten € 7,50 Pick-up-Gebühr und € 1,25 pro Fahrminute in der Innenstadt. An Bord gibt es eine Minibar. Reservierung Wassertaxi: Stationsplein 8, ✆ (020) 535 63 60, 535 63 63, www.water-taxi.nl.

Eine Alternative zum Wassertaxi bietet der Kanalbus (Tageskarte € 18), Abfahrt z. B. am Hauptbahnhof. ■

Sprachführer

Alltag, Umgangsformen

Für den Alltag sind sie unerlässlich, die kleinen Floskeln und Redewendungen. Sie werden sehen: Höflichkeit öffnet Türen. Wenn Sie den Begrüßungs- und Dankformeln auch noch die entsprechende Anrede von *meneer* bzw. *mevrouw* hinzufügen, beherrschen Sie bereits einen beträchtlichen Teil der heimischen Gepflogenheiten.

Vorab die wichtigsten Besonderheiten bei der Aussprache:

Das *ei* wird wie *äi* ausgesprochen, das *eu* wie *ö*. *Ij* spricht sich wie *ei*, *oe* wie *u*. *Ou* und *au* klingen wie das deutsche Wort »Au«. Das *sch* wird getrennt als *s+ch* ausgesprochen. Ein *u* spricht man wie ein *ü* aus, ein *ui* jedoch wie ein *öi*. Das *g* und *ch* werden betont wie in »Rachen«.

Guten Tag!	*Goedendag!*
Guten Abend!	*Goedenavond!*
Gute Nacht!	*Goedenach!*
Hallo!	*Hallo!*
Wie geht es dir?	*Hoe gaat het met je?*
Wie geht es Ihnen?	*Hoe gaat het met u?*
Auf Wiedersehen!	*Tot ziens!*
Gute Reise!	*Goede reis!*
Tschüss!	*Dag!*
Bis bald!	*Tot binnenkort!*
Bis morgen!	*Tot morgen!*
Schön, dich kennengelernt zu haben.	*Ik vond het aangenaam kennismaken.*
ja/nein/vielleicht	*ja/neen/misschien*
Ich heiße ...	*Ik heet...*
Wie heißt du?	*Hoe heet jij?*
Wie heißen Sie?	*Hoe heet u?*
Entschuldigen Sie!	*Excuseer!*
Entschuldigung!	*Pardon/sorry!*
Vielen Dank!	*Bedankt!*
Bitte schön/Keine Ursache!	*Alstublieft/Graag gedaan!*

Falls Sie nicht alles verstehen (zugegeben: manche Holländer sprechen ganz schön schnell), können Sie sagen: *Ik begrijp u niet. Kunt u wat langzamer praten, alstublieft?* Keine Panik, wenn Sie befürchten, zwar eine Frage stellen zu können, die Antwort aber nicht zu verstehen – viele holländische Begriffe werden Sie in ähnlicher Form auch in der deutschen Sprache wiedererkennen oder verstehen sehr viele Holländer englisch sowie auch deutsch.

Sollten Sie mit dem Auto unterwegs sein, können Sie die folgenden Vokabeln sicher gut gebrauchen, an jeder Tankstelle und im alltäglichen Straßenverkehr. Und falls Sie mal eine Werkstatt nötig haben …

Was auf Straßenschildern steht

werk in uitvoering, bouwplaats	Bauarbeiten
omleiding	Umleitung
tol	Autobahngebühr
doodlopende straat	Sackgasse
straat met eenrichtingsverkeer	Einbahnstraße
verboden te parkeren	Parkverbot
blauwe zone	Parken mit Parkscheibe
opgelet uitrit!	Vorsicht Ausfahrt!
bocht	Kurve

Rund ums Auto

Mein Auto ist aufgebrochen worden.	*Mijn auto is opengebroken.*
Man hat mir … gestohlen	*Mijn ... is gestolen.*
Geben Sie mir bitte Ihren Namen und Ihre Anschrift/Ihre Versicherung an.	*Mag ik alstublieft uw naam en uw adres/uw verzekeringspolis?*
Ich brauche eine Kopie der An-	*Ik heb een kopie van de aangifte*

zeige für meine Versicherung.	*nodig voor mijn verzekering.*	Werkstatt	*garage*
Es ist nicht meine Schuld.	*Het ist buiten mijn Schuld.*	Motoröl	*motorolie*
Sie sind zu schnell gefahren.	*U reed te snel.*	Ölwechsel	*olieverversen*
Führerschein	*rijbewijs*	Motor	*motor*
Ihre Papiere, bitte!	*Uw papieren alstublieft!*	Getriebe	*versnellingsbak*
Sie haben die Vorfahrt nicht beachtet.	*U hebt geen voorrang verleend.*	Zündkerze	*bougie*
		Kotflügel	*spatbord*
		Vergaser	*carburator*
Sie sind zu dicht aufgefahren.	*U hebt onvoldoende afstand gehouden.*	Blinker	*richtingaanwijzer*
		Reifen	*band*
		Anlasser	*startmotor*
Ich bin ... km/h gefahren.	*Ik reed ... kilometer per uur.*	Scheibenwischer	*ruitenwisser*
		Windschutzscheibe	*voorruit*
Autobahn	*autosnelweg*	Scheinwerfer	*koplamp*
Kreuzung	*kruispunt*	Kühler	*radiator*
Ampel	*verkeerslichten*		
Parkplatz	*parkeerplaats*		

Einkaufen

Parkuhr	*parkeermeter*	Wieviel kostet das?	*Hoeveel kost dit?*
Parkscheinautomat	*parkeerautomaat*	Geld	*geld*
Kann ich hier parken?	*Mag ik hier parkeren?*	Kasse	*kassa*
		ausgeben	*uitgeven*
Sicherheitsgurt	*veiligheidsgordel*	bezahlen	*betalen*
Tankstelle	*benzinestation*	Sonderangebot	*koopje*
Benzin	*benzine*	verkaufen	*verkopen*
bleifrei	*loodvrij*	Schaufenster	*etalage*
Diesel	*diesel*	Etwas weniger, bitte.	*Iets minder alstublieft.*
fahren	*rijden*		
überholen	*inhalen*	Etwas mehr, bitte.	*Iets meer alstublieft.*
wenden	*draaien*		
rechts/links/ geradeaus	*rechtsaf/linksaf/ rechtdoor*	kleiner/größer	*kleiner/groter*
		Wo bekomme ich?	*Waar kan ik kopen?*
überqueren	*oversteken*		
Bußgeld	*boete*	Ich hätte gerne ...	*ik had graag ...*
Stadtplan	*stadsplan*		
Sicherheit	*veiligheid*	Geben Sie mir bitte eine Packung ...	*Een pakje ... alstublieft.*
Stau	*file*		
		Zeigen Sie mir bitte ...	*Toon mij ... alstublieft*

In der Werkstatt	In de garage		
Ich habe einen Unfall gehabt.	*Ik heb een ongeval gehad.*	Kann ich das anprobieren?	*Mag ik dat even passen?*
Ich habe eine Panne.	*Mijn auto is defect.*	Nehmen Sie Kreditkarten?	*Aanvaardt u kredietkaarten?*
Ich habe einen Platten.	*Ik heb een lekke band.*	zu teuer	*te duur*
		Haben Sie das auch in Größe ...?	*Hebt u dat ook in maat ...?*
Mein Wagen springt nicht an.	*Mijn auto start niet.*		
Die Batterie ist leer.	*De accu is leeg.*	Welche Größe haben Sie?	*Welke maat hebt u?*
		Das ist zu groß/ klein.	*Dat is te groot/ klein.*
Die Bremsen funktionieren nicht.	*De remmen werken niet meer.*	Ausverkauf	*uitverkoop*

87

Hemd	*hemd*
Hose	*broek*
Mantel	*mantel*
Rock	*rok*
Kleid	*jurk*
Strumpfhose	*panty*
Strümpfe	*kousen*
Blazer	*blazer*
Jacke	*jas*
Halstuch	*sjaal*

Farben	**Kleuren**
dunkel	*donker*
hell	*licht*
blau	*blauw*
braun	*bruin*
gelb	*geel*
rot	*rood*
grün	*groen*
schwarz	*zwart*
weiß	*wit*
grau	*grijs*

Essen und Trinken

Wo bekommt man's

Bäckerei	*bakkerij*
Konditorei	*banketbakkerij*
Fleischerei	*slagerij*
Geschäft	*winkel*
Markt	*markt*
Supermarkt	*warenhuis*

Beim Bäcker	**Bij de bakker**
Brot	*brood*
Graubrot	*grof brood*
Schwarzbrot	*roggebrood*
Weißbrot	*wit brood*
Gebäck	*gebak*
Torte	*taart*

Im Restaurant	**In het restaurant**
Kennen Sie hier in der Nähe ein gutes Restaurant?	*Kent u een goed restaurant hier in de buurt?*
Einen Tisch für … Personen, bitte.	*Een tafel voor … personen alstublieft.*
Reservieren Sie uns bitte für heute Abend einen Tisch für 4 Personen.	*Wilt u voor vanavond een tafel voor 4 personen reserveren alstublieft?*

Ist dieser Tisch noch frei?	*Is deze tafel nog vrij?*
Könnte ich bitte die Speisekarte bekommen?	*Mag ik de kaart alstublieft?*
Wo sind bitte die Toiletten?	*Waar is het toilet alstublieft?*
Getränkekarte	*drankenkaart*
Weinkarte	*wijnkaart*
Was können Sie mir empfehlen?	*Wat kunt u aanbevelen?*
Haben Sie vegetarische Gerichte?	*Hebt u vegetarische gerechten?*
Ich nehme…	*Ik neem …*
Als Vorspeise/ Hauptgericht/ Nachtisch nehme ich …	*Als voorgerecht/ hoofdgerecht/ dessert neem ik …*
Bitte ein Glas …	*Een glas … alstublieft.*
Guten Appetit!	*Smakelijk (eten)!*
Zum Wohl!	*Proost!*
Ich möchte eine Tasse Kaffee.	*Ik had graag een kopje koffie.*
Bringen Sie uns bitte …	*Brengt u ons alstublieft …*
Die Rechnung, bitte.	*De rekening alstublieft.*
Wir möchten getrennt bezahlen.	*We willen apart betalen.*
Alles zusammen, bitte.	*Alles tezamen alstublieft.*
Ich möchte bitte eine Quittung.	*Ik had graag een kwitantie.*
Hat es Ihnen geschmeckt?	*Heeft het gesmaakt?*
Es war sehr gut, danke.	*Het was heel lekker. Dank u.*
essen	*eten*
trinken	*drinken*
Mineralwasser ohne Kohlensäure	*niet bruisend mineraalwater*
Mineralwasser mit Kohlensäure	*spuitwater*
Bier	*bier*
Glas	*glas*
Flasche	*fles*

Vis	**Fisch**
zeevruchten	Meeresfrüchte
mosselen	Miesmuscheln
garnalen	Garnelen
krab	Krabbe

inktvis	Tintenfische
karper	Karpfen
zeetong	Seezunge
zalm	Lachs
tonijn	Thunfisch
forel	Forelle

Vlees	**Fleisch**
kip	Huhn
haan	Hähnchen
eend	Ente
kleine schnitzel	kleine Schnitzel
kalfsschnitzel	Kalbsschnitzel
kalkoen	Truthahn
fazant	Fasan
organen en ingewanden	Innereien
vleesballetjes	Fleischklößchen
steak	Steak
rumpsteak	Rumpsteak
lever	Leber
kalfsvlees	Kalbfleisch
lamsvlees	Lammfleisch

Deegwaren	**Pasta**
met boter	mit Butter
met tomatensaus	mit Tomatensoße
met vleesjus	mit Fleischsoße
met tomatensaus en chili	mit Tomatensoße und Chili
met ei en spek	mit Ei und Bauchspeck
met room	mit Sahne
met basilicum	mit Basilikum
met pijnboompitten	mit Pinienkernen
met kaas	mit Käse
met schelpdieren	mit Venusmuscheln

Groente	**Gemüse**
wortels	Karotten
bonen	Bohnen
erwten	Erbsen
aardappelen	Kartoffeln
sla	Salat
tomaten	Tomate
augurk	Gurke
courgette	Zucchini
bloemkool	Blumenkohl
ui	Zwiebel

Fruit	**Obst**
appel	Apfel

peer	Birne
aardbeien	Erdbeeren
frambozen	Himbeeren
kersen	Kirschen
meloen	Melone
perzik	Pfirsich
banaan	Banane
pruimen	Pflaumen
citroen	Zitrone
sinaasappel	Apfelsine
druiven	Weintrauben

Bereidingswijzen	**Zubereitungsarten**
gestoomd	gedämpft
gebraden	gebraten
gebakken	gebacken
gefrituurd	frittiert
in folie gebakken	in der Folie gebacken
gegrild	gegrillt
gegratineerd	überbacken

Overige	**Was es sonst noch gibt**
melk	Milch
room	Sahne
kaas	Käse
yoghurt	Joghurt
eieren	Eier
boter	Butter
kruiden	Gewürze
knoflook	Knoblauch
zout	Salz
peper	Pfeffer
suiker	Zucker
azijn	Essig
olie	Öl
honing	Honig
ijs	Eis

Kosmetik, Presse, Öffentliche Verkehrsmittel

Was Sie zur Körperpflege brauchen

Zahnbürste	tandenborstel
Zahnpasta	tandpasta
Taschentücher	zakdoeken
Kamm	kam
Haarbürste	haarborstel
Seife	zeep
Haartrockner	haardroger
Handtuch	handdoek
Shampoo	shampoo
Duschbad	douchefris

Service von A–Z

Im Zeitschriften-laden	In de kranten-winkel
Zeitung	krant
Zeitschrift	tijdschrift
Ich hätte gerne eine deutsche Zeitung.	Ik had graag een Duitse krant.
Briefmarke	postzegel
Briefumschlag	briefomslag

Öffentliche Ver-kehrsmittel	Openbaar ver-voer
Zug	trein
Bahnhof	station
Bus	bus
Flugzeug	vliegtuig
Flughafen	luchthaven
Schiff	schip
Hafen	haven
Fähre	veer

Medizinische Versorgung	Medische ver-zorging
Arzt	arts
Zahnarzt	tandarts
Ich habe Hals-schmerzen.	Ik heb pijn in mijn hals.
Ich fühle mich nicht wohl.	Ik voel mij niet goed.
Mein Mann/meine Frau ist krank.	Mijn man/vrouw is ziek.
Ich habe mir den Magen verdorben.	Ik heb last van mijn maag.
Ich bin stark erkältet.	Ik heb een flinke verkoudheid te pakken.
Ich bin im…Monat schwanger.	Ik ben…maand zwanger.
Ich habe einen hohen/niedrigen Blutdruck.	Ik heb een hoge/lage bloeddruk.
Hier habe ich Schmerzen.	Hier doet het pijn.
Ich habe mich verletzt.	Ik ben gewond.
Arm	arm
Herz	hart
Zahn	tand
Knie	knie
Bein	been
Hand	hand

Auge	oog
Ohr	oor
Haut	huid
Fuß	voet
Kopf	hoofd
Durchfall	diarree
Erbrechen	braken
Husten	hoest
Erkältung	verkoudheid
Kopfschmerzen	hoofdpijn
Kreislaufstörun-gen	circulatiestoor-nissen
Hexenschuss	spit (in de rug)
Sonnenbrand	zonnebrand
Schwindel	duizeligheid
Salbe	zalf
Tablette	pil
Schlaftabletten	slaapmiddelen
Tropfen	druppels
Schmerzmittel	pijnstiller
Verbandszeug	verbandmateriaal

Wo? Wie? Was? – Orientierung

Entschuldigung, wo ist …?	Excuseer, waar is…?
Wie komme ich nach …?	Hoe kom ik in/bij…?
Wie komme ich am schnellsten zum Bahnhof?	Kent u de snelste weg naar het station?
Geradeaus.	Rechtdoor.
Nach rechts.	Rechtsaf.
Nach links.	Linksaf.

Sehenswürdigkeiten

brug	Brücke
burcht	Burg
kasteel	Schloss
fontein	Brunnen
monument	Denkmal
rivier	Fluss
kerk	Kirche
museum	Museum
stadhuis	Rathaus
ruïne	Ruine

Unterkunft / Logies

Ich suche eine Unterkunft.	Ik zoek onder-dak.
Wieviel kostet es?	Hoeveel kost het?

Können Sie für mich dort reservieren?	Kunt u voor mij daar reserveren?	elf, zwölf	elf, twaalf
Ist es weit von hier?	Is het ver hiervandaan?	dreizehn	dertien
		vierzehn	veertien
Haben Sie ein Doppelzimmer/ Einzelzimmer frei?	Hebt u een nog tweepersoonskamer/eenpersoonskamer vrij?	fünfzehn	vijftien
		sechzehn	zestien
		siebzehn	zeventien
		achtzehn	achttien
Können Sie ein Kinderbett aufstellen?	Is er een kinderbedje beschikbaar?	neunzehn	negentien
		zwanzig	twintig
		dreißig	dertig
Waschbecken	lavabo	vierzig	veertig
mit Dusche und WC	met douche en WC	fünfzig	vijftig
		sechzig	zestig
Wir reisen morgen ab.	Wij vertrekken morgen.	siebzig	zeventig
		achtzig	tachtig
Machen Sie bitte die Rechnung fertig.	Maakt u alsublieft de rekening klaar.	neunzig	negentig
		hundert	honderd
		tausend	duizend
Können Sie mir bitte ein Taxi rufen?	Kunt u een taxi bellen alstublieft?		

Campingplatz	kampeerplaats		Tijdaanduiding/Kalender
Zelt	tent		
		Wie spät ist es?	Hoe laat is het?

Weer — Wetter

		heute	vandaag
		gestern	gisteren
		vorgestern	eergisteren
Wie wird das Wetter morgen?	Wat voor weer wordt het morgen?	morgen	morgen
		übermorgen	overmorgen
		vormittags	's morgens
Es ist/wird warm.	Het is/wordt warm.	nachmittags	's middags
		abends	's avonds
heiß	heet	Tag	dag
kalt	koud	Woche	week
kühl	koel	Monat	maand
Es ist schwül.	Het is zwoel.	Jahr	jaar
Es ist stürmisch.	Het is stormachtig.		
		Montag	maandag
Wie viel Grad haben wir?	Hoeveel graden is het?	Dienstag	dinsdag
		Mittwoch	woensdag
		Donnerstag	donderdag
Gewitter	onweer	Freitag	vrijdag
Hitze	hitte	Samstag	zaterdag
Regen	regen	Sonntag	zondag
Sonne	zon		
Wind	wind	Januar	januari
Wolke	wolk	Februar	februari
		März	maart

Getallen — Zahlen

		April, Mai	april, mei
		Juni, Juli	juni, juli
eins, zwei	een, twee	August	augustus
drei, vier	drie, vier	September	september
fünf, sechs	vijf, zes	Oktober	oktober
sieben, acht	zeven, acht	November	november
neun, zehn	negen, tien	Dezember	december

GO VISTA INFO GUIDES

Andalusien

Bayerischer Wald
mit Landshut, Regensburg und Passau

Bodensee
mit Konstanz

Erzgebirge

Gardasee
mit Verona und Brescia

Gran Canaria
mit Las Palmas

Italienische
Adria

Kroatien

Lettland

Madeira
& Azoren

Mallorca
mit Palma de Mallorca

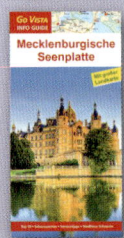

Mecklenburgische
Seenplatte

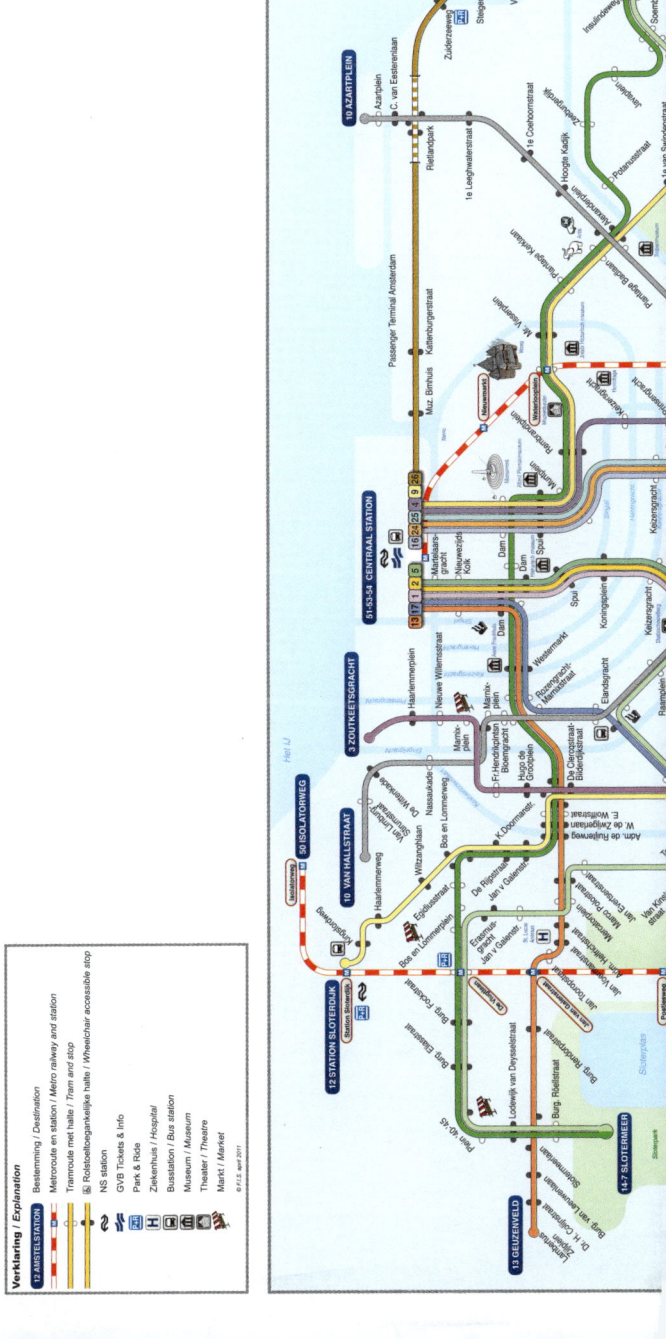

Go Vista CITY & INFO GUIDES

Über 100 Titel lieferbar

Alle Go Vista City/Info Guides haben 96 oder 144 Seiten, 50–150 Farbfotos und eine ausfaltbare Karte. Format: 10,5 x 21 cm.

Reise-App mit allen Infos inkl.

+ Go Vista Plus:
Jetzt auch mit Reise-App für Smart-phones erhältlich (alle Adressen des Reiseführers sowie Offline-Karten)

www.vistapoint.de

Bildnachweis

Amsterdam Toerisme & Congres Bureau (ATCB): S. 21, 24/25, 31, 37; Admin: S. 3 o. r., 29, 48, 82; Beheerder: S. 2 o. Mitte, 3 o. l., 3 u., 6 o. r., 15 u., 26, 35, 38 o., 38 u., 42/43 u., 52, 54, 55, 56/57, 59, 61, 63, 65; Win Ruigrok: S. 3 o. Mitte, 39; Reinier Sijpkens: Schmutztitel (S. 1)

Klaus H. Daams/laif, Köln: S. 51, 75

Gé Dubbelman/laif, Köln: S. 6 l., 17, 41

Fotolia/Dev: S. 30; Fotopitu: S. 20; Hagen411: S. 84; Marjanneke de Jong: S. 74; Andreas Reimann: S. 79; Alexi Tauzin: S. 45; www.iamphoto.ru: S. 47 u.

Hannah Glaser, Frankfurt/M.: S. 22

Rainer Hackenberg, Köln: S. 11, 62

Hotel Wichmann, Amsterdam: S. 47 o.

iStockphoto/Bas Evers: S. 19; Scott Griessel: S. 10; Rob Harpenau: S. 4/5; Jaap2: S. 28; Devy Masselink: S. 12, 13

Volkmar E. Janicke, München: S. 15 o.

Paul Spierenburg, Hamburg: S. 14

Jörg Steinert/White Star, Hamburg: S. 36, 43 o.

Vista Point Verlag (Archiv), Potsdam: S. 6. u. r., 8 o., 18, 32, 33, 70 Mitte, 70 u., 70 o., 71 o., 71 u.

Wikipedia/Massimo Catarinella: S. 73; David: S. 2 o. r.; Robert Scarth: S. 2 o. l.; SieBot: S. 72; Ziko: S. 66/67; Frank Zweers: S. 23

Fulvio Zanettini/laif, Köln: S. 9

Schmutztitel (S. 1): Ein individueller Beitrag zur »Aquamusica«, dem klassischen Musikfestival an und auf dem Wasser

Seite 2/3 (v. l. n. r.): Königlicher Palast auf dem Dam, Radfahrer, im Vondelpark, Amsterdams Hafen IJmuiden, »Pythonbrücke«, Straßencafé, die Magere Brug (Magere Brücke) über die Amstel (S. 3 u.)

Seite 6/7: Begijnhof (S. 6 l.), die Herengracht (S. 6 o. r.), Frans Hals' Porträt eines jungen Paares im Rijksmuseum (S. 6 u. r.)

Konzeption, Layout und Gestaltung dieser Publikation bilden eine Einheit, die eigens für die Buchreihe der **Go Vista City/Info Guides** entwickelt wurde. Sie unterliegt dem Schutz geistigen Eigentums und darf weder kopiert noch nachgeahmt werden.

© Vista Point Verlag GmbH, Birkenstr. 10, D-14469 Potsdam
1. Auflage 2014
Alle Rechte vorbehalten
Verlegerische Leitung: Andreas Schulz
Reihenkonzeption: Vista Point-Team
Bildredaktion: Gerda Rebensburg und Franziska Zielke
Lektorat: Franziska Zielke, JB Bild|Text|Satz
Layout und Herstellung: Kerstin Hülsebusch-Pfau
Reproduktionen: Henning Rohm, Köln
Kartographie: Kartographie Huber, München
Druckerei: Colorprint Offset, Unit 1808, 18/F., 8 Commercial Tower, 8Sun Yip Street, Chai Wan, Hong Kong

ISBN 978-3-86871-199-8

An unsere Leser!
Die Informationen dieses Buches wurden gewissenhaft recherchiert und von der Verlagsredaktion sorgfältig überprüft. Nichtsdestoweniger sind inhaltliche Fehler nicht immer zu vermeiden. Für Ihre Korrekturen und Ergänzungsvorschläge sind wir daher dankbar.

VISTA POINT VERLAG
Birkenstr. 10 · 14469 Potsdam
Telefon: +49 (0)3 31/817 36-400 · Fax: +49 (0)3 31/817 36-444
info@vistapoint.de · www.vistapoint.de · www.facebook.de/vistapoint

Jetzt über 100 Titel lieferbar

Alle Go Vista Info Guides haben
96 oder 144 Seiten, 80–130 Farbfotos und eine
ausfaltbare Karte. Format: 10,5 x 21 cm.

Auswahl aktueller Titel

  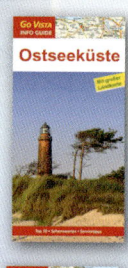 

 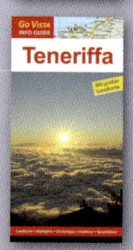  

www.vistapoint.de